中 国 话

Spoken Chinese

主编: 黄皇宗 翁建华

华语教学出版社
北京

First Edition   1990
Second Printing 1994
Third Printing   1997

· ISBN 7-80052-141-9
Copyright 1990 by Sinolingua
Published by Sinolingua
24 Baiwanzhuang Road, Beijing 100037, China
Printed by Beijing Foreign Languages Printing House
Distributed by China International
Book Trading Corporation
35 Chegongzhuang Xilu, P.O. Box 399
Beijing 100044, China

Printed in the People's Republic of China

目　录

说明

汉语拼音字母表

声母表

韵母表

词类简称表

说　明

　　《中国话》是为华侨、外籍华人、外国人编写的初级口语教材。适于短期汉语班学员使用，也可供自学。

　　本书共 25 课。课文内容以到中国后在日常交往中最急需的应酬语为主，全部为情境会话。语言材料选自实际生活，重功能、重实际应用。

　　本书体例分为课文、生词与短语、注释、练习四部分。课文、生词与短语和注释均有英文翻译。

　　教授本书应以操练为主，突出听、说训练，贯彻实践性原则。

教材编写组

一九八八年十二月

FOREWARD

SPOKEN CHINESE is an oral primer specially prepared for the overseas Chinese, Chinese with foreign nationality and foreigners to learn the Chinese language in a short–term class or as a teach–yourself book.

There are 25 lessons in this book. Each lesson provides a conversation with true life situations to meet the social needs of overseas Chinese and foreigners who have come to China. The speech materials are taken from daily life, and great attention is put to practical applications.

Each lesson of this book consists of four sections: text, new words and expressions, notes, and exercises. English translations are given to the texts, new words, expressions, and notes.

As a device to teach oral Chinese, the material is meant to be learned by repetition and practice, and listening and speaking exercises should be emphasized.

The Teaching Material Compilers' Group
1988.12.

汉 语 拼 音 字 母 表

Hànyǔ Pīnyīn Zìmǔ Biǎo

The Chinese Phonetic Alphabet

印刷体 impresas	书 写 体 manuscritas	字母名称 nombres	印刷体 impresas	书 写 体 manuscritas	字母名称 nombres
A a	A a	[a]	N n	N n	[nɛ]
B b	B b	[pɛ]	O o	O o	[o]
C c	C c	[tsʻɛ]	P p	P p	[pʻɛ]
D d	D d	[tɛ]	Q q	Q q	[tɕʻiou]
E e	E e	[ɤ]	R r	R r	[ar]
F f	F f	[ɛf]	S s	S s	[ɛs]
G g	G g	[kɛ]	T t	T t	[tʻɛ]
H h	H h	[xa]	U u	U u	[u]
I i	I i	[i]	V v	V v	[vɛ]
J j ′	J j	[tɕiɛ]	W w	W w	[wa]
K k	K k	[kʻɛ]	X x	X x	[ɕi]
L l	L l	[ɛl]	Y y	Y y	[ja]
M m	M m	[ɛm]	Z z	Z z	[tsɛ]

声 母 表

Shēngmǔ Biǎo

Table of Initials

b	p	m	f
ㄅ玻	ㄆ坡	ㄇ摸	ㄈ佛

d	t	n	l
ㄉ得	ㄊ特	ㄋ讷	ㄌ勒

g	k	h	
ㄍ哥	ㄎ科	ㄏ喝	

j	q	x	
ㄐ基	ㄑ欺	ㄒ希	

zh	ch	sh	r
ㄓ知	ㄔ蚩	ㄕ诗	ㄖ日

z	c	s	
ㄗ资	ㄘ雌	ㄙ思	

韵 母 表

Yùnmǔ Biǎo

Table of Finals

	i 丨 衣	u ㄨ 乌	ü ㄩ 迂
a ㄚ 啊	ia 丨ㄚ 呀	ua ㄨㄚ 蛙	
o ㄛ 喔		uo ㄨㄛ 窝	
e ㄜ 鹅	ie 丨ㄝ 耶		üe ㄩㄝ 约
ai ㄞ 哀		uai ㄨㄞ 歪	
ei ㄟ 欸		uei ㄨㄟ 威	
ao ㄠ 熬	iao 丨ㄠ 腰		
ou ㄡ 欧	iou 丨ㄡ 忧		
an ㄢ 安	ian 丨ㄢ 烟	uan ㄨㄢ 弯	üan ㄩㄢ 冤
en ㄣ 恩	in 丨ㄣ 因	uen ㄨㄣ 温	ün ㄩㄣ 晕
ang ㄤ 昂	iang 丨ㄤ 央	uang ㄨㄤ 汪	
eng ㄥ 亨的韵母	ing 丨ㄥ 英	ueng ㄨㄥ 翁	
ong ㄨㄥ 轰的韵母	iong ㄩㄥ 雍		

词 类 简 称 表

Cílèi Jiǎnchēng Biǎo

The Abbreviations of
Chinese Grammatical Terms

名词	(名)	míngcí	noun
代词	(代)	dàicí	pronoun
动词	(动)	dòngcí	verb
形容词	(形)	xíngróngcí	adjective
数词	(数)	shùcí	numeral
量词	(量)	liàngcí	measure word
副词	(副)	fùcí	adverb
介词	(介)	jiècí	preposition
连词	(连)	liáncí	conjunction
助词	(助)	zhùcí	particle
叹词	(叹)	tàncí	interjection
词头	(头)	cítóu	prefix
词尾	(尾)	cíwěi	suffix

第一课 问 候
Dì–Yī Kè　Wènhòu

Lesson 1 Greetings

一、课 文 Text

A: 你好!
  Nǐ hǎo!
  How do you do?

B: 你好
  Nǐ hǎo!
  How do you do?

A: 见到你，很高兴。

Jiàndào nǐ, hěn gāoxìng.

I am very glad to meet you.

B: 见到你，我也很高兴。

Jiàndào nǐ, wǒ yě hěn gāoxìng.

I am very glad to meet you, too.

A: 你身体好吗?

Nǐ shēntǐ hǎo ma?

How are you?

B: 好，谢谢。你呢?

Hǎo, xièxie. Nǐ ne?

I'm very well, thanks. And how about you?

A: 我也很好。

Wǒ yě hěn hǎo.

I'm very well, too.

B: 你忙吗?

Nǐ máng ma?

Are you busy?

A: 不忙。

Bù máng.

No, I'm not busy.

B: 再见!

Zàijiàn!

Good-bye!

A: 再见!

Zàijiàn!

Good-bye!

二、生词和短语 New Words and Expressions

1. 问候　　　　　wènhòu　　　greetings
2. 你　　　(代)　nǐ　　　　　you
3. 好　　　(形)　hǎo　　　　good, well
4. 见　　　(动)　jiàn　　　　to see
5. 到　　　(动)　dào　　　　to reach
6. 我　　　(代)　wǒ　　　　I, me
7. 很　　　(副)　hěn　　　　very
8. 高兴　　(形)　gāoxìng　　delighted, happy, glad
9. 也　　　(副)　yě　　　　　too, also
10. 身体　(名)　shēntǐ　　　body, health
11. 吗　　　(助)　ma　　　　(an interrogative
　　　　　　　　　　　　　　　　particle)
12. 谢谢　(动)　xièxie　　　to thank; thanks
13. 呢　　　(助)　ne　　　　(a modal particle)
14. 忙　　　(形)　máng　　　busy
15. 不　　　(副)　bù　　　　not, no
16. 再　　　(副)　zài　　　　again

三、注释　Notes

1. 你好!

　　这是汉语里常用的问候语，不论上午、下午、晚上，第一次见面时，都可以用。对方的回答也是"你好!"。

The expression 你好 is often used in spoken Chinese when people greet each other, no matter in the morning, in the afternoon or in the evening. The answer of the responder is also the same 你好.

2. 我也很高兴。

这里"也"表示两件事物相同。如:

Here 也 denotes that two things are the same, e.g.

你忙,我也忙。

你很高兴,我也很高兴。

四、 练 习 Exercises

(一) 替换练习:

Substitution drills:

1. 我身体<u>很好</u>。　　　　很不
2. 我<u>很忙</u>。　　　　　　　不
3. 你<u>身体好</u>吗?　　　　工作忙

(二) 朗读下列词语和句子:

Read aloud the following words and sentences:

高兴　　身体

再见!　谢谢你。　　你身体很好,我身体也很好。

你很高兴,我也很高兴。　　你很忙,我也很忙。

(三) 用下列词语回答问题:

Answer the questions with the following words:

1. 你身体好吗?　　　不好
　　　　　　　　　　很好
2. 你忙吗?　　　　　不忙
　　　　　　　　　　很忙

(四) 对话:

Dialogue:

A: 你好!

B: 你好!

A: 见到你, 很高兴。你身体好吗?

B: 我身体很好。你呢?
A: 我身体也很好。你忙吗?
B: 我不忙。
A: 再见!
B: 再见!

第二课 日期和时间
Dì-Er Kè Rìqi Hé Shíjiàn

Lesson 2 Date and Time

一、课文 Text

A: 你好!

Nǐ hǎo!

How do you do?

B: 你好!

Nǐ hǎo!

How do you do?

A: 你什么时候到广州的?

Nǐ shénme shíhou dào Guǎngzhōu de?

When did you arrive in Guangzhou?

B: 今天早上到的。请问，几号开学?

Jīntiān zǎoshang dào de. Qǐngwèn, jǐ hào kāixué?

This morning. Excuse me, but may I ask on what date school begins?

A: 四月一日。

Sì yuè yī rì.

School begins on April, 1.

B: 上午几点上课?

Shàngwǔ jǐ diǎn shàngkè?

What time does the class begin in the morning?

A: 八点。

Bā diǎn.

The class begins at eight in the morning.

B: 几点下课?

Jǐ diǎn xiàkè?

What time is the class over?

A: 十一点四十分。明天星期天，你好好休息吧。

Shíyī diǎn sìshí fēn. Míngtiān xīngqītiān, nǐ hǎohǎo xiūxi ba.

The class is over at eleven forty. Tomorrow will be Sunday. Take a good rest, please.

B: 谢谢。

Xièxie.

Thanks.

二、生词和短语　New Words and Expressions

1. 日期　　　(名) rìqī　　　　　date

2.	和	(连) hé	and, with
3.	时间	(名) shíjiān	time
4.	是	(动) shì	to be (am, are, is)
5.	什么	(代) shénme	what
6.	时候	(名) shíhou	time
7.	的	(助) de	(a structural particle)
8.	今天	(名) jīntiān	today
9.	早上	(名) zǎoshang	morning
10.	请问	qǐngwèn	May I ask..., Excuse me...
11.	几	(数) jǐ	how many, several (Here 几号 means "what date".)
12.	号	(名) hào	number
13.	开学	kāixué	school begins
14.	月	(名) yuè	month
15.	日	(名) rì	day
16.	上午	(名) shàngwǔ	morning (or: A. M.)
17.	点(钟)	(量) diǎn(zhōng)	(a measure word) o'clock
18.	上课	shàngkè	to attend a class, to teach in a class, to go to class
19.	下课	xiàkè	Class is over; to finish classes
20.	分	(量) fēn	(a measure word) minute
21.	明天	(名) míngtiān	tomorrow
22.	星期天(日)	(名) xīngqītiān(rì)	Sunday
23.	休息	(动) xiūxi	to take a rest
24.	吧	(助) ba	(a modal particle)

专 名　**Proper Name**

广州　　　　Guǎngzhōu　　　　Guangzhou (City)

三、注 释　Notes

1. 请问

　　"请问"是请求对方解答问题时常用的敬辞。如:

　　请问, a respectful expression, is often used to make a request of somebody for explanations, e.g.

　　(1) 请问, 今天几号?

　　(2) 请问, 星期天你休息吗?

2. 称数法　(Numeration)

　　汉语是用"十进法"来称数的。例如:

　　In Chinese, the decimal system is used for numeration, e.g.

零	一	二	三	四	五	六	七	八	九
0	1	2	3	4	5	6	7	8	9
十	十一	十二	十三	十四	十五	十六	十七	十八	十九
10	11	12	13	14	15	16	17	18	19
二十	二十一	二十二	二十三	二十四	二十五	二十六	二十七	二十八	二十九
20	21	22	23	24	25	26	27	28	29

三十　三十一 ••••••••••••••••••••••••••••••••••

30　　31

九十	九十一	九十二	九十三	九十四	九十五	九十六	九十七	九十八	九十九
90	91	92	93	94	95	96	97	98	99

基数词"零——十":

Cardinal numeral "0-10":

0. 零	líng	zero		6. 六	liù	six
1. 一	yī	one		7. 七	qī	seven
2. 二	èr	two		8. 八	bā	eight
3. 三	sān	three		9. 九	jiǔ	nine
4. 四	sì	four		10. 十	shí	ten
5. 五	wǔ	five				

3. 日期和时间的表达法
(Expressions about Date and Time)

(1) 汉语十二个月的名称是:

In Chinese, the names of the twelve months in a year are:

一月	January		七月	July
二月	February		八月	August
三月	March		九月	September
四月	April		十月	October
五月	May		十一月	November
六月	June		十二月	December

(2) 一个星期七天的名称是:

The names of the seven days of the week are:

星期天(日)	Sunday		星期四	Thursday
星期一	Monday		星期五	Friday
星期二	Tuesday		星期六	Saturday
星期三	Wednesday			

(3) 时间的顺序是:

The order of time is as follows:

年	月	日	星期	上午、下午
year	month	day (date)	week-day	A.M. / P.M.

点　　分
o'clock　minute
1989 年 8 月 10 日(星期四)上午 8 点 20 分

四、练　习　Exercises

(一) 替换练习:

Substitution drills:

1. 今天星期<u>一</u>, 明天星期<u>二</u>。　　　二
　　　　　　　　　　　　　　　　　三
　　　　　　　　　　　　　　　　　四
　　　　　　　　　　　　　　　　　五
　　　　　　　　　　　　　　　　　六
　　　　　　　　　　　　　　　　　日

2. 请问, <u>几号开学</u>?　　　　　　上课
3. 请问, <u>几点上课</u>?　　　　什么时候

(二) 朗读下列词组:

Read aloud the following phrases and word–groups:

1990 年(nián)4 月 1 日　　1980 年 7 月 8 日
1989 年 9 月 3 日　　　　1979 年 7 月 28 日
1984 年 12 月 25 日　　　1976 年 8 月 2 日
1965 年 6 月 7 日　　　　1950 年 10 月 1 日
什么时候　开学　上课　下课　休息

(三) A. 按照下列时钟图示回答问题:

Answer questions according to
each of the following pictures:

　　Example:　现在几点?
　　　　　　　四点三十分。

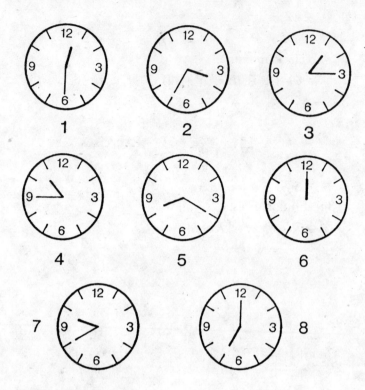

B. 按照下列图示谈日期:

Talk about dates according to each of the following pictures:

    Example: 今天几号?

        今天十二月一号。

        明天几号? 明天十二月二号。

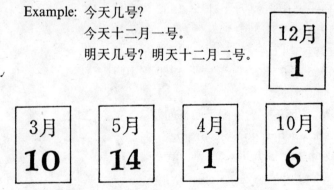

(四) 回答问题:

Answer the following questions:

1. 你什么时候到广州的?

2. 请问，几号开学?

3. 上午几点上课?

4. 下午几点上课?

5. 明天星期几?

(五) 对话:

Dialogue:

A: 请问，什么时候开学?

B: 明天开学。

A: 明天见!

B: 明天见!

A: 什么时候开学?

B: 九月一日开学。

A: 今天几号?

B: 今天四号。

A: 明天星期几?

B: 明天星期天。

A: 你好好休息吧。

B: 再见!

A: 再见!

(六) 短文阅读:

Passage reading:

　　我三月二十八日早上到广州。四月一日开学。我们上午八点上课，十一点四十分下课。今天星期六，我上课，很忙。明天星期天，不上课，我要(yào)好好休息。

第三课 我的家
Dì-Sān Kè Wǒ De Jiā

Lesson 3 My Family

一、课 文 Text

A: 你家有几口人?

Nǐ jiā yǒu jǐ kǒu rén?

How many people are there in your family?

B: 我家有七口人:爸爸、妈妈、哥哥、姐姐、弟弟、妹妹和我。

Wǒ jiā yǒu qī kǒu rén: bàba, māma, gēge, jiějie, dìdi, mèimei hé wǒ.

In my family there are seven people: my father, mother, elder
brother,elder sister, younger brother, younger sister and I.

A: 你爸爸、妈妈身体好吗?

Nǐ bàba, māma shēntǐ hǎo ma?

How are your father and mother?

B: 都很好,他们还在工作。我爸爸是医生,我妈妈是大学
老师。

Dōu hěn hǎo, tāmen hái zài gōngzuò. Wǒ bàba shì yīshēng,
wǒ māma shì dàxué lǎoshī.

**Very well. They still work. My father is a doctor, my mother is a
teacher in a university.**

A: 你哥哥、姐姐都工作了吗?

Nǐ gēge, jiějie dōu gōngzuòle ma?

Do your elder brother and sister work?

B: 他们还没工作。哥哥是大学生,姐姐是中学生。

Tāmen hái méi gōngzuò. Gēge shì dàxuéshēng, jiějie shì
zhōngxuéshēng.

**No, Not yet. My elder brother is a university student; my elder
sister is a middle school student.**

A: 你弟弟、妹妹也是中学生吗?

Nǐ dìdi, mèimei yě shì zhōngxuéshēng ma?

**Are your younger brother and younger sister middle school stu-
dents too?**

B: 他们不是中学生,他们都在小学学习。

Tāmen bú shì zhōngxuéshēng, tāmen dōu zài xiǎoxué xuéxí.

They are not middle school students. They all study in prima-
ry school.

A: 你呢?

Nǐ ne?

And how about you?

B: 我在中学学习。

Wǒ zài zhōngxué xuéxí.

I study in middle school.

二、生词和短语　New Words and Expressions

1.	家	(名) jiā	family
2.	有	(动) yǒu	to have, there be
3.	口	(量) kǒu	(a measure word); mouth
4.	人	(名) rén	person, people
5.	爸爸	(名) bàba	father
6.	妈妈	(名) māma	mother
7.	哥哥	(名) gēge	elder brother
8.	姐姐	(名) jiějie	elder sister
9.	弟弟	(名) dìdi	younger brother
10.	妹妹	(名) mèimei	younger sister
11.	都	(副) dōu	all
12.	他	(代) tā	he, him
13.	们	(尾) men	(a suffix)
14.	还	(副) hái	else, in addition, still
15.	在	(副、介) zài	in, at, to be (at a place)
16.	工作	(动) gōngzuò	to work
17.	医生	(名) yīshēng	doctor
18.	大学	(名) dàxué	university, college
19.	老师	(名) lǎoshī	teacher
20.	了	(助) le	(a modal particle)
21.	没	(副) méi	not, no
22.	她	(代) tā	she, her

23. 学生	(名)	xuésheng	student
24. 小学	(名)	xiǎoxué	primary school
25. 学习	(动)	xuéxí	to study, to learn
26. 中学	(名)	zhōngxué	middle school
27. 中学生	(名)	zhōngxuéshēng	middle school student
28. 大学生	(名)	dàxuéshēng	university student

三、 注 释 Notes

1. "他"和"她"

"他"和"她"的读音完全一样，但用法不同。在书面上，用"他"代表男性第三人称，"她"代表女性第三人称。

The personal pronouns 他 and 她 sound exactly the same, but they are different in written form. In writing, 他 is used to denote a male person while 她 a female one.

2. 吗、呢、吧

(1) "吗"是表示疑问的语气助词，陈述句的句末加上"吗"，就变成疑问句。如：

吗 is an interrogative particle. It may be put at the end of a declarative sentence to make it interrogative, e.g.

你身体好吗？

你哥哥工作了吗？

你妈妈是大学老师吗？

(2) "呢"(一)、(二)

"呢"(一)可以和名词、代词等一起构成疑问句，问"在哪儿"、"怎么样"等。如：

We use 呢 (1) to ask about "where," "how", etc. by adding it to a noun, a pronoun, etc., e.g.

你弟弟、妹妹呢？　　　(where)

——他们都在家里。

你身体好吗？

——好，谢谢。你呢？ (how)

"呢"（二）加在陈述句的句末，有指明事实、令人相信的作用。如：

When added to the end of a declarative sentence, the modal particle 呢 (2) functions to point out a fact and make people sure of it, e.g.

我姐姐还没工作呢。

我哥哥工作了，他还是老师呢。

(3) "吧"（一）

表示商量的语气。

吧 (1) expresses a tone of consultation, e.g.

十二点了，我们休息吧。

四、练　习　Exercises

(一) 替换练习:

Substitution drills:

1. 我<u>爸爸</u>是老师。　　　　妈妈

　　　　　　　　　　　　哥哥

　　　　　　　　　　　　姐姐

2. 我哥哥是<u>学生</u>。　　　　医生

　　　　　　　　　　　　老师

3. 我<u>在</u>中学学习。　　　　弟弟

　　　　　　　　　　　　妹妹

4. 我家有<u>七</u>口人。　　　　三

　　　　　　　　　　　　四

五

六

八

九

(二) 朗读下列词组和句子:

Read aloud the following word-groups and sentences:

我爸爸　　你妈妈　　他姐姐　　我弟弟

他爸爸　　我妈妈　　你哥哥　　你妹妹

1. 我爸爸是大学老师，他不是医生。

2. 他妈妈是医生，她不是大学老师。

3. 你姐姐是大学生吗?

4. 他妹妹是中学生。

5. 你弟弟是小学生吗?

6. 我家有五口人。

7. 我哥哥还没有工作。

(三) 回答问题:

Answer the questions:

你是大学生吗?　　　(我是大学生。)

你是医生吗?　　　　(我是医生。)

你是大学老师吗?　　(我是大学老师。)

(四) 仿照下列例句回答问题:

Answer questions after the example:

Example: 你是大学生吗?　　　　　(是)

(我是大学生。)

你是大学生吗?　　　　　(不是)

(我不是大学生。我是老师。)

1. 你是老师吗?　　　　　(是)

2. 你是医生吗?　　　　　(不是) (老师)

3. 他是你弟弟吗?　　　　(不是) (哥哥)

4. 她是你姐姐还是你妹妹?　　　　　(妹妹)

5. 他是不是你哥哥?　　　　　　　　(是)

6. 你弟弟、妹妹都在小学学习吗?　(都在)

(五) 对话:

Dialogue:

A: 你家有几口人?

B: 我家有五口人: 爸爸、妈妈、哥哥、姐姐和我。

A: 你爸爸、妈妈身体好吗?

B: 都很好。他们还在工作。我爸爸是大学老师, 我妈妈是医生。

A: 你哥哥、姐姐都工作了吗?

B: 我姐姐工作了, 她是医生。我哥哥还没工作呢, 他是大学生。

A: 你呢?

B: 我在中学学习。

(六) 用下列词语说一段话:

Have a brief talk using the given words:

有　　口　　人　　是　　工作

身体　很好

(七) 短文阅读:

Passage reading:

　　我家有七口人: 爸爸、妈妈、哥哥、姐姐、弟弟、妹妹和我。爸爸、妈妈身体都很好。他们还在工作。我爸爸、妈妈都是医生。我哥哥是中学老师。姐姐和我还没工作。姐姐是大学生。我是中学生。弟弟和妹妹都在小学学习。

第四课　我　的　亲　属

Dì-Sì Kè　Wǒ De Qīnshǔ

Lesson 4　My Relatives

一、　课　文　Text

A: 我的亲属很多。

Wǒ de qīnshǔ hěn duō.

I have a lot of relatives.

B: 他们都在哪儿?

Tāmen dōu zài nǎr?

Where are they then?

A: 叔叔在美国，姑姑在加拿大，舅舅、舅母在日本。

Shūshu zài Měiguó, gūgu zài Jiānádà, jiùjiu, jiùmǔ zài Rìběn.

My uncle is in the United States of America, my aunt is in Canada, and my other uncle and aunt (my mother's brother and his wife) are in Japan.

B: 有没有在中国的?

Yǒu méiyǒu zài Zhōngguó de?

Do you have any relatives in China?

A: 有。伯伯在祖籍广东省台山县，姨妈、堂哥、表姐、表哥在广州。我在中国的亲属可多呢。

Yǒu. Bóbo zài zǔjí Guǎngdōng Shěng Táishān Xiàn, yímā, tánggē, biǎojiě, biǎogē zài Guǎngzhōu. Wǒ zài Zhōngguó de qīnshǔ kěduō ne.

Yes, I do. My uncle (my father's elder brother) is in Taishan

County in Guangdong province, my forefathers' native place. My aunt (my mother's sister), some of male cousins and female cousins are here in Guangzhou. Really, I have quite a lot of relatives in China.

B: 你见过你伯伯、姨妈了没有?

Nǐ jiànguo nǐ bóbo, yímā le méiyǒu?

Have you ever seen your uncle and aunt?

A: 我见过姨妈了。星期天,伯伯和堂哥要来看我。我真高兴。

Wǒ jiànguo yímā le. Xīngqītiān, bóbo hé tánggē yào lái kàn wǒ. Wǒ zhēn gāoxìng.

I have seen my aunt already. My uncle and my male cousin will come to see me on Sunday. I am really glad.

B: 你有这么多亲属来看你,我真替你高兴。

Nǐ yǒu zhème duō qīnshǔ lái kàn nǐ, wǒ zhēn tì nǐ gāoxìng.

I am glad too that you have so many relatives coming to see you.

二、生词和短语　New Words and Expressions

1.	多	(形)	duō	many, much, a lot of
2.	亲属	(名)	qīnshǔ	relative
3.	哪儿	(代)	nǎr	where
4.	叔叔	(名)	shūshu	uncle
5.	姑姑	(名)	gūgu	aunt
6.	舅舅	(名)	jiùjiu	uncle
7.	舅母	(名)	jiùmǔ	aunt
8.	伯伯	(名)	bóbo	uncle
9.	祖籍	(名)	zǔjí	native place

10.	姨妈	(名)	yímā	aunt
11.	堂哥	(名)	tánggē	cousin
12.	表姐	(名)	biǎojiě	cousin
13.	表哥	(名)	biǎogē	cousin
14.	可	(副)	kě	(an intensifying adverb)
15.	过	(助)	guo	(an aspectual particle)
16.	要	(动)	yào	to want, to be going to
17.	来	(动)	lái	to come
18.	看	(动)	kàn	to read, to see, to look at
19.	这么	(代)	zhème	so (这么多: so many)
20.	真	(副)	zhēn	really
21.	替	(介)	tì	for

专　名　Proper Names

1.	美国	Měiguó	the United States of America
2.	加拿大	Jiānádà	Canada
3.	日本	Rìběn	Japan
4.	中国	Zhōngguó	China
5.	广东省	Guǎngdōng Shěng	Guangdong Province
6.	台山县	Táishān Xiàn	Taishan County

三、　注释　Notes

1. **可多呢**

"可"在这里是副词，表示强调语气。多用于口语，句末总有语气助词"了"或"呢"。如：

Here 可 is an adverb chiefly used in spoken Chinese to express a tone of emphasis and there is always a modal particle 了 or 呢 at the end of the sentence, e.g.

我在中国的亲属可多呢。

你可来了，我真高兴。

2. **附: 中国的亲属称谓**

(Forms of addressing relatives in Chinese)

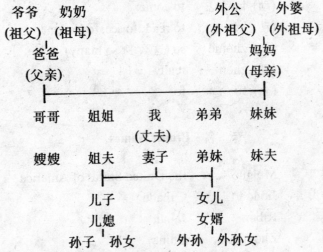

1. 公公、婆婆——丈夫的父亲、母亲
2. 岳父、岳母——妻子的父亲、母亲
3. 伯伯——父亲的哥哥
4. 叔叔——父亲的弟弟
5. 姑妈(姑姑)——父亲的姐妹
6. 姨妈——母亲的姐妹
7. 舅父(舅舅)——母亲的兄弟
8. 堂兄弟姐妹——伯伯、叔叔的子女
9. 表兄弟姐妹——姑妈、舅父、姨妈的子女

四、练 习 Exercises

(一) 替换练习:

Substitution drills:

1. <u>叔叔</u>在美国。   姑姑 爸爸 弟弟
   舅舅 妈妈 妹妹
   伯伯 哥哥 姐姐
   姨妈 堂哥 表姐

2. 姑姑在<u>加拿大</u>。   美国
   日本
   台山
   广州

(二) 朗读下列词语和句子:

Read the following words and sentences:

亲属 很多 有   没有 在   替
叔叔 姑姑 舅舅 伯伯 姨妈 堂哥
表姐 爸爸 妈妈 哥哥 姐姐 弟弟
妹妹 美国 加拿大 日本 祖籍

我很高兴。

我真高兴。

我真替你高兴。

我也替你高兴。

我也很高兴。

(三) 回答问题:

Answer the questions:

你有什么亲属? 他们都在哪儿?

(四) 对话:

Dialogue:

A: 我的亲属很多。

B: 他们都在哪儿?

A: 姑姑在美国，姨妈在加拿大，叔叔在日本，伯伯和堂哥在台山县。舅舅、表姐、表哥都在广州。

B: 你见过你舅舅、表姐、表哥了没有?

A: 我见过舅舅了。星期天，表姐和表哥要来看我。

B: 有这么多亲属来看你，我真替你高兴。

A: 谢谢。我也很高兴。

(五) 用下列词语说一段话:

Talk about something, using the given words:

　　　亲属　　在　　哪儿　　见过

(六) 短文阅读:

Passage reading:

　　我有很多亲属：伯伯、叔叔、姑姑、舅舅、姨妈，还有堂哥、表姐。我伯伯在日本。舅舅在加拿大。姑姑在美国。叔叔在祖籍台山县。姨妈就(jiù)在广州。

　　四月一日，我到广州，见过姨妈。星期天，叔叔和堂哥要来看我。在中国见到这么多亲属，我真高兴。

第五课　访　友

Dì-Wǔ Kè　Fǎng Yǒu

Lesson 5 Visiting a Friend

一、课　文　Text

A: 您好!

Nín hǎo!

How do you do?

B: 您好! 您找谁?

Nín hǎo! Nín zhǎo shuí?

How do you do? Who are you looking for?

A: 请问，张老师在家吗?

Qǐngwèn, Zhāng lǎoshī zài jiā ma?

May I ask if Professor Zhang is at home?

B: 他出去了。您贵姓?

Tā chūqù le. Nín guì xìng?

He is out. What is your name?

A: 我姓潘，我叫潘国强。

Wǒ xìng Pān, wǒ jiào Pān Guóqiáng.

My surname is Pan, my full name is Pan Guoqiang.

B: 我是张老师的弟弟。请进。请坐。

Wǒ shì Zhāng lǎoshī de dìdi. Qǐng jìn. Qǐng zuò.

I am Professor Zhang's brother. Come in, please. Sit down, please.

A: 不客气。

Bú kèqi.

Thank you.

B: 请喝茶。

Qǐng hē chá.

Have a cup of tea, please.

A: 谢谢。

Xièxie.

Thanks.

B: 请等一会儿。

Qǐng děng yíhuìr.

Please wait a moment.

(张老师回来了。) (Professor Zhang comes back.)

A: 张老师，您好!

Zhāng lǎoshī, nín hǎo!

How are you, Professor Zhang?

C: 你好。对不起，让你久等了。

Nǐ hǎo. Duìbuqǐ, ràng nǐ jiǔ děngle.

Fine and how are you? Sorry to have made you wait for so long.

A: 没关系。

Méi guānxi.

It doesn't matter.

C: 工作忙吗?

Gōngzuò máng ma?

Are you busy?

A: 不很忙。您近来身体好吗?

Bù hěn máng. Nín jìnlái shēntǐ hǎo ma?

Not very busy. How are you recently?

C: 很好。

Hěn hǎo.

I am fine.

A: 时候不早了，我得走了。再见!

　Shíhou bù zǎo le, wǒ děi zǒu le. Zàijiàn!

　It's getting late, I must be going. See you later.

C: 再见! 慢走。

　Zàijiàn! Màn zǒu.

　See you later. Take care.

A: 别送了!

　Bié sòng le!

　You don't have to see me off.

二、生词和短语　New Words and Expressions

1.	访友	fǎng yǒu	to visit a friend
2.	您	(代) nín	polite form of 你
3.	找	(动) zhǎo	to look for
4.	谁	(代) shuí	who
5.	出去	(动) chūqù	to go out
6.	贵姓	guì xìng	May I ask your name?
7.	叫	(动) jiào	to call, to ask (sb. to do sth.)
8.	进	(动) jìn	to enter, to come in
9.	坐	(动) zuò	to sit, to ride in (vehicle etc.)
10.	客气	(形) kèqi	polite, courteous
11.	喝	(动) hē	to drink
12.	茶	(名) chá	tea
13.	等	(动) děng	to wait
14.	一会儿	yíhuìr	a moment

15.	对不起		duìbuqǐ	I'm sorry; sorry; excuse me; pardon me
16.	让	(动)	ràng	to ask (sb. to do sth.), to let
17.	久	(形)	jiǔ	for a long time, long
18.	没关系		méi guānxi	it doesn't matter
19.	近来	(名)	jìnlái	recently
20.	早	(形)	zǎo	early; morning
21.	得	(动)	děi	to have to
22.	走	(动)	zǒu	to leave
23.	慢	(形)	màn	slow
24.	别	(副)	bié	don't
25.	送	(动)	sòng	to see sb. off or out

专　名　Proper Names

1.	张(老师)	Zhāng (lǎoshī)	(Teacher) Zhang
2.	潘国强	Pān Guóqiáng	(name of a person)

三、　注释　Notes

1. 您贵姓?

"您贵姓"是问人姓什么的一种客气的说法。

您贵姓 is a polite way of asking what one's family name is.

2. 对不起, 让你久等了。

a) "对不起"是口语中对人表示歉意的一种说法。

对不起 is a way of making an apology in spoken Chinese.

b) "让你久等了"

有一种句子，它的谓语是由两个动词词组构成的，前一个动词的宾语又是后一个动词的施事者，这种句子叫兼语句。兼语句的前一个动词常常是带有使令意义的"让、使、请、教"等。如：

There is a kind of sentence the predicate of which is composed of two verbal phrases. The object of the first verb is at the same time the agent of the second one. Such a sentence is known as a pivotal sentence in which the first verb is often a causative one, such as 让，使，请，教 etc., e.g.

对不起，让你久等了。

请你进来吧。

3. 我得走了。

"我得走了"这是和别人告别时说的话，常有另一个说明"走"的原因的句子置前或置后。这里"得"也可改用"该"或"要"。例如：

我得走了 is used when one takes leave, and is often either followed or preceded by an explanation. Here we can substitute 得 with 该 or 要, e.g.

时候不早了，我得走了。

坐了很久了，我该走了。

我要走了，妈妈在等我了。

四、 练 习 Exercises

(一) 替换练习：

Substitution drills:

1. 我是<u>张老师</u>的<u>弟弟</u>。　　国强　　妹妹

　　　　　　　　　　　　　　　　国强　　同学(tóngxué)

2. 请<u>坐</u>。　　　　　　　　　　喝茶

等一等

等一会儿

(二) 朗读下列词语和句子:

Read aloud the following words and sentences:

贵姓	您贵姓?
喝茶	请喝茶。
关系	没关系
客气	不客气
久等	让你久等了。
送	别送了。

早	不早	时候不早了。
忙	很忙　不忙	不很忙
家	在家	张老师在家吗?
出去	他出去了。	他出去了吗?
一会儿	等一会儿	请进来等一会儿

(三) 对话:

Dialogue:

潘国强:　　您好!

张先生(xiānsheng):　　您好! 您找谁?

潘国强:　　我找张老师。

张先生:　　他出去了。您贵姓?

潘国强:　　我姓潘,我叫潘国强。

张先生:　　我是张老师的弟弟。请您进来等一会儿。

潘国强:　　好的。

张先生:　　请坐,请喝茶。

潘国强:　　谢谢。

*　　　　　　*　　　　　　*

张老师:　　你好!

潘国强:　　张老师,您好!

张老师:	对不起，让你久等了。
潘国强:	没关系。您近来身体好吗?
张老师:	不太好。
潘国强:	您工作忙吗?
张老师:	很忙。你的亲属来看过你吗?
潘国强:	我见过姨妈了。星期天，我伯伯和堂哥要来看我。
张老师:	真替你高兴。
潘国强:	时候不早了，我得走了。再见!
张老师:	再见! 慢走!
潘国强:	别送了!

(四) 用提供的词语完成对话:

Complete each of the following dialogues, using the given words:

1. 张老师在家吗?	在家	不在家
2. 他是张老师的弟弟吗?	是	不是
3. 您找谁?	张老师	潘国强
	我姨妈	我堂哥
4. 他出去了吗?	出去了	没有出去

(五) 用下列词语说一段话:

Have a brief talk using the following words:

找	张老师	不在家	弟弟	
进来	等一会儿	请喝茶	不客气	谢谢

(六) 短文阅读:

Passage reading:

　　星期天，我去(qù)找张老师。张老师不在家。他出去了。我见到张老师的弟弟。张老师的弟弟很客气，他请我坐，请我喝茶，让我在他们家等张老师。不久，张老师回来(huílái)了。张老师工作不很忙，近来身体不太(tài)好。我坐了一会儿，时候不早了，我就走了。

第六课　看　病

Dì–Liù Kè　Kàn Bìng

Lesson 6 Seeing a Doctor

一、课　文　Text

A: 大夫，我不太舒服。

Dàifu, wǒ bú tài shūfu.

Doctor, I am not feeling well.

B: 你怎么了？

Nǐ zěnme le?

What's the matter?

A: 我发烧，头疼。

Wǒ fāshāo, tóuténg.

I've got a fever and a headache.

B: 量一量体温吧。

Liángyiliáng tǐwēn ba.

Let me take your temperature.

A: 好的。

Hǎode.

All right.

B: 三十八度四，咳嗽吗？

Sānshíbā dù sì, késou ma?

Thirty–eight point four degrees centigrade. Do you have a cough?

A: 有点儿咳嗽。大夫，我得的什么病？

Yǒu diǎnr késou. Dàifu, wǒ déde shénme bìng?

A little bit. Doctor, what's wrong with me?

B: 你感冒了。

Nǐ gǎnmào le.

You've caught cold.

A: 不要紧吧?

Bú yàojǐn ba?

Is that serious?

B: 不要紧,我给你开点儿药。吃了药,休息休息就好了。

Bú yàojǐn, wǒ gěi nǐ kāi diǎnr yào. Chīle yào, xiūxixiūxi jiù hǎo le.

No. I'll give you some medicine. After having the medicine and taking some rest, you'll be all right.

A: 谢谢您。

Xièxie nín.

Thank you, doctor.

B: 不用谢。

Búyòng xiè.

You're welcome.

二、生词和短语　New Words and Expressions

1. 病　　(名) bìng　　illness, sickness
2. 大夫　(名) dàifu　　doctor
3. 太　　(副) tài　　too (不太舒服: not so well)
4. 舒服　(形) shūfu　　well, comfortable
5. 怎么　(代) zěnme　　how
6. 发烧　(动) fāshāo　　to have a fever
7. 头疼　(动) tóuténg　　headache
8. 量　　(动) liáng　　to take

9. 体温	(名) tǐwēn	(body) temperature
10. 度	(量) dù	degree
11. 咳嗽	(动) késou	cough
12. 有点儿	yǒudiǎnr	a little, a bit
13. 得	(动) dé	to get, to have
14. 感冒	(动) gǎnmào	to catch cold, to have a cold
15. 要紧	(形) yàojǐn	serious (不要紧: It doesn't matter.)
16. 给	(介) gěi	to give
17. 开	(动) kāi	to prescribe; to make a list of
18. 药	(名) yào	medicine
19. 吃	(动) chī	to eat, to take
20. 就	(副) jiù	then, and so
21. 不用(谢)	búyòng(xiè)	need not (to thank)

三、 注 释 Notes

1. 吧(二)

"吧"（二）表示催促某人做某事的语气。如：

吧 (2) expresses a tone of urging somebody to do something, e.g.

量一量体温吧。

时候不早了，你走吧。

2. 不要紧

"不要紧"在课文里是"不严重"的意思，它也常用来回答对方对你表示歉意的话，类似的说法还有"没关系、没什么"等。如：

Here 不要紧 means "there is nothing serious". It is also often

used to respond to an apology, means "it doesn't matter", "never mind" etc., e.g.

对不起，让你久等了。

——不要紧。

——没关系。

——没什么。

四、 练 习 Exercises

(一) 替换练习:

Substitution drills:

1. 你<u>感冒</u>了。   咳嗽

                                 发烧

  我<u>感冒</u>。   头疼

  我有点儿<u>咳嗽</u>。   发烧

                                 不舒服

                                 感冒

  2. 我不<u>太</u>舒服。   怎么

(二) 朗读下列词语和句子:

Read aloud the following words and sentences:

舒服   我不太舒服。

大夫   谢谢大夫。

体温   量一量体温。

感冒   我感冒了。

咳嗽   咳嗽吗?

要紧   要紧吗?   不要紧。

药   吃药   开儿点药

休息   发烧   头疼   怎么

(三) 回答问题:

Answer the questions:

1. 你来看病吗?   我来看病
2. 你怎么了?   发烧   头疼
3. 咳嗽吗?   有点儿咳嗽   没有咳嗽
4. 我得的什么病? 要紧吗?   感冒了   不要紧
5. 要吃药吗?   要吃药

(四) 对话:

Dialogue:

A: 潘国强, 你去哪儿?

B: 我去看病。

A: 你怎么了?

B: 我不太舒服。头疼, 还有点咳嗽。

A: 发烧吗?

B: 有点儿。

A: 不要紧, 你找大夫看看病, 吃点儿药, 休息休息就好了。

B: 谢谢, 我这就去。

(五) 短文阅读:

Passage reading:

    星期五, 潘国强身体不太舒服, 头疼, 还有点儿咳嗽。他去看病。大夫给他量了量体温。体温是三十八度四。他有点发烧, 得了感冒, 病的不要紧。大夫给他开了点儿药。他吃了药, 休息休息就好了。

(六) 看图说一段话:

Say something about the following picture:

第七课 买东西
Dì-Qī Kè Mǎi Dōngxi

Lesson 7 Buying Things

一、 课 文 Text

A: 您想买点儿什么?

Nín xiǎng mǎi diǎnr shénme?

What would you like to buy?

B: 请给我一盒龙井茶。

Qǐng gěi wǒ yì hé Lóngjǐng Chá.

I want to buy a box of Dragon Well tea.

A: 对不起,龙井茶刚卖完。

Duìbuqǐ, Lóngjǐng Chá gāng mài wán.

I'm sorry, Dragon Well tea is sold out.

B: 那就要花茶吧。

Nà jiù yào huāchá ba.

Then I'll have some scented tea.

A: 还要点儿什么?

Hái yào diǎnr shénme?

Do you want anything else?

B: 有罐装的咖啡吗?

Yǒu guàn zhuāng de kāfēi ma?

Is there any canned coffee?

A: 有。

Yǒu.

Yes.

B: 要一罐半斤装的。

Yào yí guàn bàn jīn zhuāng de.

I'll buy the half-jin size.

A: 一共十七块二。

Yígòng shíqī kuài èr.

Altogether 17.2 yuan.

B: 给您钱。

Gěi nín qián.

Here is the money.

A: 您这是二十块，找您两块八。

Nín zhè shì èrshí kuài, zhǎo nín liǎng kuài bā.

This is twenty yuan, and 2.8 yuan is your change.

B: 请问在哪儿可以买到字画？

Qǐngwèn zài nǎr kěyǐ mǎi dào zìhuà?

May I ask you where I can get calligraphy and paintings?

A: 在二楼工艺美术品部。

Zài èr lóu gōngyì měishùpǐn bù.

You can get them at the arts and crafts department on the
second floor.

B: 谢谢。

Xièxie.

Thank you.

B: 我想买一幅齐白石的画。

Wǒ xiǎng mǎi yì fú Qí Báishí de huà.

I'd want to buy a picture painted by Qi Baishi.

C: 要原作还是复制品？

Yào yuánzuò háishi fùzhìpǐn?

Do you want an original or a reproduction?

B: 原作太贵了。要一幅复制品吧。

Yuánzuò tài guì le. Yào yì fú fùzhìpǐn ba.

Originals are expensive. Would you please show me a reproduction?

C: 这幅怎么样？

Zhè fú zěnmeyàng?

What do you think of this one?

B: 好吧。就要这幅。

Hǎo ba. Jiù yào zhè fú.

All right. I'll get this one.

二、生词和短语　New Words and Expressions

1.	买	（动）mǎi	to buy
2.	东西	（名）dōngxi	thing
3.	想	（动）xiǎng	to think, to want
4.	罐	（名、量）guàn	tin, can; (a measure word)
5.	刚	（副）gāng	just
6.	卖	（动）mài	to sell
7.	完	（动）wán	to be over, to be through
8.	那	（代）nà	then; that
9.	装	（动）zhuāng	pack, package
10.	半	（数）bàn	half
11.	斤	（量）jīn	jin, (a unit of weight = 0.5 kilogram)
12.	一共	（副）yígòng	in all, altogether
13.	块	（量）kuài	(a unit of Chinese money)
14.	钱	（名）qián	money
15.	这	（代）zhè	this
16.	找	（动）zhǎo	to give change

17.	两	(数)	liǎng	two
18.	可以	(动)	kěyǐ	may, can
19.	字画	(名)	zìhuà	scripts and paintings
20.	楼	(名)	lóu	floor
21.	工艺美术品 部	(名)	gōngyì měishùpǐn bù	arts and crafts department
22.	幅	(量)	fú	(a measure word)
23.	画	(名)	huà	picture, painting
24.	原作	(名)	yuánzuò	original
25.	还是	(连)	háishi	or
26.	贵	(形)	guì	expensive
27.	复制品	(名)	fùzhìpǐn	reproduction, replica
28.	怎么样	(代)	zěnmeyàng	how
29.	盒	(量)	hé	box
30.	花茶	(名)	huāchá	scented tea

专　名　Proper Names

| 1. | 龙井茶 | Lóngjǐng Chá | Dragon Well tea |
| 2. | 齐白石 | Qí Báishí | (a famous contemporary
Chinese painter) |

三、注　释　Notes

1. 吧(三)

"吧"（三）表示同意的语气。如:

吧 (3) indicates a tone of agreement, e.g.

这幅怎么样?

——好吧，就要这一幅。

龙井茶卖完了，买花茶好吗?

——那就要花茶吧。

2. 那就要花茶吧

"那"表示顺着上文的意思，引出应有的结果。如:

那 means to say something conformable to the preceding text so as to introduce the due consequence, e.g.

对不起，龙井茶刚卖完。

——那就要花茶吧。

你不舒服，那就休息休息吧。

3. 钱的计算法:

(How to count the Chinese money:)

中国人民币的计算单位是"元"、"角"、"分"。口语里用"块"、"毛"、"分"，在最后一位数的后边，常用"钱"结尾。如:

The units of Renminbi (RMB) are 元, 角 and 分, but in colloquial speech they are respectively known as 块, 毛 and 分. The last unit is often followed by the word 钱, e.g.

15.00——十五元——十五块(钱)

0.40—— 四角 ——四毛(钱)

0.03—— 三分 ——三分(钱)

15.43——十五元四角三分——十五块四毛三分(钱)

4. "二"和"两"

"二"和"两"都表示"2"这个数目，但在用法上有些区别。

Both 二 and 两 mean two, but there are some difference in usage between them.

a) 在量词前或不需要量词的名词前用"两"，不用"二"。如:

Bofore a measure word or a noun for which a measure word is unnecessary, 两 is used, e.g.

两斤花茶　两罐咖啡　两幅字画

　　　　两天　　　　两人　　　　两家

但在量词"位"前可用"两"，也可用"二"。如：

But before the measure word 位, we may use either 两 or 二,
e.g.

　　　　你们两位
　　　　你们二位

b) 在 12、20、22、32 等十位数以上的数目中的 2, 一定要用
"二"，不用"两"。如：

　　　For figures like 12, 20, 22, 32, etc. 二 must be used, e.g.

　　　十二块(钱)　　　　　　　　二十课
　　　二十二幅画　　　　　　　　三十二口人

c) "二"可以单用，"两"不能单用。如：

二 can be used by itself, but 两 cannot, e.g.

　　　一、二、三、四……
　　　七六二〇二

四、练　习　Exercises

(一) 替换与填空:

Substitute the underlined word and fill in the blanks:

1.　我买<u>龙井茶</u>。　　　　咖啡
　　　　　　　　　　　　　　字画
　　　　　　　　　　　　　　画
　　　　　　　　　　　　　　花茶

2.　你＿＿买＿＿什么?

　　还要＿＿什么?

　　有＿＿＿＿咖啡吗?

　　有＿＿＿＿画吗?

　　(想、点儿、罐装的、半斤装的、齐白石的、复制的)

3. 我买____龙井茶。

   我买____字画。

   我买____咖啡。

（一斤、半斤、两斤、一盒、两盒、一幅、一罐、半斤装的）

(二) 朗读下列词语：

Read aloud the following words:

买 卖 茶 半斤 一斤 字画 块 画

贵 复制品 原作 幅 罐 怎么样

(三) 回答问题：

Answer the questions:

1. 你想买点儿什么？　　　　　（龙井茶）(咖啡)

   （花茶） （一幅字画）

2. 要半斤装的还是一斤装的？　（半斤装的）

   要原作还是复制品？　　　　（复制品）

   要龙井茶还是要花茶？　　　（花茶）

3. 一共多少钱？　　　　　　　（十七块二）

   （二十八块四）

   （三十五块五）

   （十六块两毛）

(四) 对话：

Dialogue:

A: 你想买点儿什么？

B: 我想买一盒花茶?

A: 还要点儿什么？

B: 有半斤装的咖啡吗？

A: 有，是罐装的。

B: 要一罐吧。

A: 一共十七块二。

B: 给您钱。

A: 您这是五十块，找您三十二块八。

B: 请问在哪儿可以买到字画?

A: 在二楼工艺美术品部。

B: 谢谢。

潘国强：　张老师，您好。

张老师：　你好。你买什么了?

潘国强：　我买了花茶、咖啡，还想买字画。

张老师：　我也想买字画。咱们一起去吧。

潘国强：　好的。

(五) 用下列词语练习对话:

Make a dialgue using the following phrases:

潘国强买一盒花茶　　　　　半斤装的

七块

买一幅齐白石的画　　　　　原作的

一百块

(六) 短文阅读:

Passage reading:

　　今天上午，潘国强去买东西。他想买龙井茶，龙井茶刚卖完，他就买了一盒花茶，还买了一罐半斤装的咖啡。一共花(huā)了十七块二毛钱。

　　在二楼工艺美术品部，潘国强要买一幅齐白石的画。他想买原作，太贵了，就买了一幅复制品。

　　今天，潘国强买了很多东西。

第八课　坐出租汽车

Dì-Bā Kè　Zuò Chūzū Qìchē

Lesson 8　Taking a Taxi

一、课文　Text

A: 司机同志，去东方宾馆吗?

Sījī tóngzhì, qù Dōngfāng Bīnguǎn ma?

Driver! To Dongfang Hotel?

B: 去。请上车。

Qù. Qǐng shàng chē.

Yes. Get in, please.

A: 司机同志，我们有急事，你可以快一点儿吗？

Sījī tóngzhì, wǒmen yǒu jí shì, nǐ kěyǐ kuài yìdiǎnr ma?

Driver, we have an urgent matter. Could you drive a little faster?

B: 你得几点到？

Nǐ děi jǐ diǎn dào?

What time do you have to get there?

A: 九点半以前。

Jiǔ diǎn bàn yǐqián.

We have to get there before half past nine.

B: 现在才九点十分。别着急，一定准时赶到。

Xiànzài cái jiǔ diǎn shí fēn. Bié zháojí, yídìng zhǔnshí gǎndào.

It is ten past nine. Don't worry about that. We'll get there on time.

A: 车费怎么算？

Chēfèi zěnme suàn?

How do we pay for fare?

B: 甲种车一块二一公里，乙种车八毛钱一公里。

Jiǎzhǒng chē yī kuài èr yì gōnglǐ, yǐzhǒng chē bā máo qián yì gōnglǐ.

One yuan and twenty fen per kilometre for a first class car; eighty fen per kilometre for second class cars.

A: 我们还要赶回来，你能不能等一等？

Wǒmen hái yào gǎn huílai, nǐ néngbunéng děngyiděng?

We'll be back. Can you wait a moment?

B: 可以。

Kěyǐ.

Of course.

A: 等候费怎么算？

Děnghòu fèi zěnme suàn?

How is the waiting fee determined?

B: 七块钱一小时。

　　Qī kuài qián yì xiǎoshí.

　　Seven yuan per hour.

二、生词和短语　New Words and Expressions

1.	出租汽车		chūzū qìchē	taxi
2.	司机	(名)	sījī	driver
3.	同志	(名)	tóngzhì	comrade
4.	去	(动)	qù	to go
5.	上车		shàng chē	to get on
6.	急事		jí shì	something urgent
7.	一点儿		yìdiǎnr	a bit, a little
8.	以前	(名)	yǐqián	before, ago
9.	现在	(名)	xiànzài	now, nowadays
10.	才	(副)	cái	then and only then
11.	着急	(形)	zhāojí	to worry, to feel anxious
12.	一定	(副)	yídìng	certainly, definitely
13.	准时		zhǔnshí	in time, on time
14.	赶	(动)	gǎn	to get
15.	车费		chēfèi	fare
16.	算	(动)	suàn	to count
17.	甲种		jiǎzhǒng	the first class
18.	公里	(量)	gōnglǐ	kilometre
19.	乙种		yǐzhǒng	the second class

20. 毛	(量)	máo	(a unit of Chinese money, = 0.1 yuan)
21. 回来	(动)	huílái	to come back, to be back, to return
22. 能	(动)	néng	can, to be able to
23. 等候	(动)	děnghòu	to wait for
24. 费	(名)	fèi	fee
25. 小时	(名)	xiǎoshí	hour

专　名　Proper Name

东方宾馆　　Dōngfāng Bīnguǎn　　Dongfang Hotel

三、注　释　Notes

1. 司机同志

"同志"是中国大陆成年人之间普遍的称呼。在"同志"前面可加上姓氏，有时也可冠以职称。如：

同志 (comrade) is the most common form of addressing among the adults in mainland China. One's surname, sometimes one's professional title may precede 同志, e.g.

潘同志

司机同志

2. 你得几点赶到

"得"（děi)在这里是个能愿动词，表示意志或事实上的必要。"得"有时也可用作动词，表示"得到"，这时读作(dé)。如：

Here 得 (děi) is an optative verb, indicating wish or necessity. Sometimes pronounced (dé), it means "to get" or "to have", e.g.

时候不早了，我得(děi)走了。

我得(děi)等他。

他得(dé)了什么病？

四、 练 习 Exercises

(一) 替换练习:
Substitution drills:

1. 你能不能<u>等一等</u>?
   来
   去
   上课
   赶到

2. <u>车费</u>怎么算?
   等候费
   药费

(二) 朗读下列词语和句子:
Read aloud the following words and sentences:

急事　　快一点儿　　别着急　　准时赶到

怎么　　能不能　　　等一等

1. 请问，去东方宾馆车费怎么算?

2. 我得在九点半以前赶到。

3. 别着急，一定准时赶到。

4. 我们还要赶回来，车能不能等一等?

5. 我们有急事，你可以快一点儿吗?

6. 司机同志，谢谢你，再见!

(三) 根据课文回答问题:
Answer the questions according to the text:

1. A 去哪儿?

2. A 说他得几点赶到?

3. 车费怎么算?

4. 等候费怎么算?

(四) 对话:

Dialogue:

Λ: 司机同志, 请问, 你的车去东方宾馆吗?

B: 去, 上车吧!

A: 司机同志, 我们有急事, 你可以快一点儿吗?

B: 你得几点到?

A: 十点以前。

B: 现在才九点半。别着急, 一定准时赶到。

A: 车费怎么算?

B: 一块二毛钱一公里。

A: 我们还要赶回来, 车能不能等一等?

B: 可以。

A: 等候费怎么算?

B: 七块钱一小时。

(五) 用下列词语说一段话:

Say something using the following words:

去　　东方宾馆　　坐　　出租汽车　　十一点

赶到　司机同志　　别　　着急　　　准时

(六) 短文阅读:

Passage reading:

　　金山和国强要去东方宾馆。他们坐上出租汽车。这时是九点十分, 他们要在九点半以前赶到宾馆。他们请司机开(kāi)快一点, 司机说:"别着急, 一定准时赶到。"

　　到了宾馆, 他们下了车, 对司机说:"我们还要赶回学校, 车能不能等一等?"司机说:"可以。"司机等候了半个小时, 他们又坐车回去(huí qù), 给了司机十块钱车费和等候费。

第九课　在饭店

Dì-Jiǔ Kè　Zài Fàndiàn

Lesson 9 In the Restaurant

一、课　文　Text

A: 快十二点了，我们到饭店去吃饭吧。

Kuài shí'èr diǎn le, wǒmen dào fàndiàn qù chī fàn ba.

It's almost twelve o'clock. Let's go to a restaurant for lunch.

B: 哎呀，真有点儿饿了。

Aiyā, zhēn yǒudiǎnr èle.

Oh. I am really hungry.

A: 你喜欢中餐还是西餐?

Nǐ xǐhuan zhōngcān háishi xīcān?

Do you like Chinese food or Western food?

B: 我喜欢中餐。

Wǒ xǐhuan zhōngcān.

I like Chinese food.

A: 那就到沙河饭店去吧。

Nà jiù dào Shāhé Fàndiàn qù ba.

Let's go to Shahe Restaurant.

C: 请这边坐。您想吃点儿什么? 这是菜单。

Qǐng zhèbiān zuò. Nín xiǎng chī diǎnr shénme? Zhè shì càidānr.

Sit down, please. What would you like to eat? This is the menu.

A: 你们这儿有什么拿手菜?

Nǐmen zhèr yǒu shénme náshǒu cài?

Any special dishes served in your restaurant?

C: 您喜欢吃鸡还是海味?

Nín xǐhuan chī jī háishi hǎiwèi?

Would you like to eat chicken or sea food?

A: 都喜欢。

Dōu xǐhuan.

I like both.

C: 那我建议你们点酥炸子鸡、酸甜石斑鱼,炒两碟牛肉沙河粉,再加一个番茄蛋花汤。

Nà wǒ jiànyì nǐmen diǎn sūzhá zǐjī, suān tián shíbānyú, chǎo liǎng dié niúròu shāhéfěn, zài jiā yí ge fānqié dànhuātāng.

Then I suggest you order savoury and crisp chicken, sour and sweet grouper, two Shahe noodles fried with beef, and one egg and tomato soup.

A: 你看行吗?

Nǐ kàn xíng ma?

Is that all right?

B: 行啊。

Xíng a.

I think it is all right.

C: 要喝点儿什么吗?

Yào hē diǎnr shénme ma?

Would you drink something?

A: 来两瓶啤酒和一瓶汽水吧。

Lái liǎng píng píjiǔ hé yì píng qìshuǐ ba.

Please get us two bottles of beer and a bottle of soda water.

A: 味道怎么样?

Wèidào zěnmeyàng?

What do you think of the flavour?

B: 不错。

Búcuò.

Not bad.

A: 再吃点儿吧。

Zài chī diǎnr ba.

Will you please eat a little more?

B: 谢谢。我饱了。

Xièxie. Wǒ bǎo le.

Thank you. I am full.

A: 我来付钱。

Wǒ lái fù qián.

I'll take care of bill.

C: 一共三十八块四。请那边交钱。慢走。

Yígòng sānshíbā kuài sì. Qǐng nàbiān jiāo qián. Màn zǒu.

It is 38.4 yuan altogether.

Would you please pay over there. Take care.

二、生词和短语　New Words and Expressions

1.	饭店	(名)	fàndiàn	restaurant
2.	饭	(名)	fàn	rice
3.	哎呀	(叹)	āiyā	oh, ah
4.	饿	(动)	è	hungry
5.	喜欢	(动)	xǐhuan	to like, to be fond of
6.	中餐	(名)	zhōngcān	Chinese food
7.	西餐	(名)	xīcān	Western food
8.	这边	(代)	zhèbiān	over here
9.	菜单	(名)	càidān	menu, a bill of fare
10.	拿手	(形)	náshǒu	adept, expert, good at
11.	这儿	(代)	zhèr	here, over here
12.	菜	(名)	cài	dish
13.	鸡	(名)	jī	chicken
14.	海味	(名)	hǎiwèi	sea food
15.	建议	(动)	jiànyì	to suggest, to propose
16.	点	(动)	diǎn	to order (a dish)
17.	酥炸子鸡		sūzhá zǐjī	savoury and crisp chicken
18.	酸甜石斑鱼		suān tián shíbānyú	sour and sweet grouper
19.	炒	(动)	chǎo	to fry
20.	碟	(量)	dié	plate

21.	牛肉	(名)	niúròu	beef
22.	粉	(名)	fěn	noodle
23.	加	(动)	jiā	to add, to plus
24.	个	(量)	ge	(a measure word)
25.	番茄蛋花汤		fānqié dànhuā- tāng	egg and tomato soup

(番茄又叫西红柿)

26.	行	(动)	xíng	all right, O.K.
27.	瓶	(量)	píng	bottle
28.	啤酒	(名)	píjiǔ	beer
29.	汽水	(名)	qìshuǐ	soft drink, soda water
30.	味道	(名)	wèidao	taste, flavour
31.	不错	(形)	búcuò	not bad
32.	饱	(动)	bǎo	enough
33.	付	(动)	fù	to pay
34.	那边	(代)	nàbiān	over there
35.	交	(动)	jiāo	to hand over

专 名 Proper Name

沙河饭店   Shāhé Fàndiàn   Shahe Restaurant

三、注 释 Notes

1. 来两瓶啤酒

"来"是做某个动作（代替意义具体的动词）的意思。常用于口
语。如：

As a usual expression used in colloquial speech, 来 means an

action to replace a verb which is more concrete in meaning, e.g.

　　　有啤酒吗? 来两瓶。　　　　　(买)

　　　我建议你们来一碟酥炸子鸡。 (点[菜])

2. 我来付钱

　　"来"用在另一个动词前，表示要做某一件事。有缓和语气的作用。如:

　　来, used in front of another verb, indicates an intention to do something. Its function is to mitigate the tone of a statement, e.g.

　　　我来付钱。

　　　你来点菜。

四、练 习　Exercises

(一) 替换练习:

Substitution drills:

1. 我们到<u>饭店</u>去吃饭。　　　　东方宾馆
　　　　　　　　　　　　　　　　　沙河饭店

2. 你喜欢吃<u>鸡</u>还是<u>海味</u>?　　　酥炸子鸡　　　酸甜石斑鱼
　　　　　　　　　　　　　　　　　中国菜　　　　日本菜

3. 你喜欢<u>中餐</u>还是<u>西餐</u>?　　　是他姐姐　　　他妹妹
　　　　　　　　　　　　　　　　　是她哥哥　　　她弟弟
　　　　　　　　　　　　　　　　　去沙河饭店　去东方宾馆
　　　　　　　　　　　　　　　　　买龙井茶　　　买花茶
　　　　　　　　　　　　　　　　　要原作　　　　要复制品
　　　　　　　　　　　　　　　　　买汽水　　　　买啤酒

4. 这是<u>菜单</u>。　　　　　　　　　字画　　　　　汽水
　　　　　　　　　　　　　　　　　沙河粉　　　　啤酒
　　　　　　　　　　　　　　　　　海味　　　　　中餐

(二) 朗读下列词语:

Read aloud the following words and expressions:

沙河饭店　饿　中餐　西餐　菜单　拿手　鸡

海味　鱼　喜欢　沙河粉　炒　汤　喝　汽水　啤酒

味道　不错　付钱　那边　交钱

(三) 根据课文回答问题:

Answer the questions according to the text:

1. 他们到哪儿去吃饭?

2. 他们喜欢吃中餐还是西餐?

3. 他们喜欢吃鸡还是海味? 他们喜欢吃沙河粉吗?

4. 他们想喝点儿什么?

5. 味道怎么样?

6. 一共多少钱?

(四) 对话:

Dialogue:

A: 我有点儿饿了, 我们到东方宾馆去吃饭吧。

B: 好, 坐出租汽车去吧。

C: 请这边坐。你想吃点什么? 这是菜单。

A: 我喜欢吃鱼, 还喜欢吃鸡。

C: 那我建议你点酥炸子鸡、酸甜石斑鱼, 再加一个番茄蛋花汤。

A: 你看行吗?

B: 行啊。

C: 要喝点儿什么吗?

A: 来两瓶啤酒和一瓶汽水吧。

A: 味道怎么样?

B: 不错。

A: 再吃点儿吧。

B: 谢谢, 我饱了。

A: 我来付钱。

C: 一共三十九块二，请那边交钱。慢走。

(五) 短文阅读:

Passage reading:

　　十二点了，我们有点儿饿，就到沙河饭店去吃中餐。我喜欢吃酥炸子鸡，国强喜欢吃酸甜石斑鱼和牛肉沙河粉，金山喜欢吃番茄蛋花汤。我们点了菜，要了两瓶啤酒和一瓶汽水。牛肉沙河粉味道不错，我们一共吃了五碟。这顿饭花了三十六块五。

第十课 坐 公 共 汽 车
Dì-Shí Kè   Zuò Gōnggòng Qìchē

Lesson 10 Taking a Bus

一、 课 文 Text

A: 售票员同志，请问，到华侨大厦在哪个站下车?

Shòupiàoyuán tóngzhì, qǐngwèn, dào Huáqiáo Dàshà zài nǎge zhàn xià chē?

Excuse me conductor, which bus−stop should I get off at to get to the Overseas Chinese Hotel?

B: 在海珠广场下车。

Zài Hǎizhū Guǎngchǎng xià chē.

You should get off at Haizhu Square bus−stop.

A: 多少钱一张票?

Duōshao qián yì zhāng piào?

How much for one ticket?

B: 一毛钱。

Yì máo qián.

One mao (10 fen).

A: 买两张。到站的时候，请告诉我们一声。

Mǎi liǎng zhāng. Dào zhàn de shíhou, qǐng gàosu wǒmen yì shēng.

Two tickets, please. Would you please tell us when we get there?

B: 好的。请大家往里走。哪位乘客给老大娘让个座?

Hǎode. Qǐng dàjiā wàng lǐ zǒu. Nǎ wèi chéngkè gěi lǎodàniáng ràng ge zuòr?

All right. Please step to the inside everybody. Would someone
please offer a seat to this elderly woman?

C: 老大娘，请这儿坐。

   Lǎodàniáng, qǐng zhèr zuò.

   Granny, please sit down here.

D: 您坐！您坐！

   Nín zuò! Nín zuò!

   No, you sit, you sit!

C: 别客气。您坐吧。

   Bié kèqi. Nín zuò ba.

   Just sit down, please. Don't stand on ceremony.

D: 谢谢。

   Xièxie.

   Thank you.

C: 不用谢。

   Búyòng xiè.

   Not at all.

D: 现在的青年真有礼貌啊！

   Xiànzài de qīngnián zhēn yǒu lǐmào a!

   How polite young people are nowadays!

B: 海珠广场到了。您二位请下车。

   Hǎizhū Guǎngchǎng dào le. Nín èr wèi qǐng xià chē.

   Here is Haizhu Square. You two can get off the bus please.

A: 谢谢。

   Xièxie.

   Thanks.

二、生词和短语　New Words and Expressions

1. 公共汽车　　　　　gōnggòng qìchē　bus
2. 售票员　　（名）shòupiàoyuán　conductor
3. 站　　　　（名）zhàn　　　　　stop, station
4. 下车　　　　　　　xià chē　　　　to get off
5. 张　　　　（量）zhāng　　　　(a measure word)
6. 票　　　　（名）piào　　　　　ticket
7. 多少　　　（代）duōshao　　　how many, how much
8. 告诉　　　（动）gàosu　　　　to tell
9. 声　　　　（量）shēng　　　　(a measure word)
10. 大家　　　（代）dàjiā　　　　everybody
11. 往　　　　（介）wǎng　　　　to go to
12. 里　　　　（名）lǐ　　　　　　inside
13. 乘客　　　（名）chéngkè　　　passenger
14. 老大娘　　（名）lǎodàniáng　granny
15. 座　　　　（名）zuò　　　　　seat
16. 青年　　　（名）qīngnián　　young men, youth
17. 礼貌　　　（名）lǐmào　　　　polite, courteous

专　名　Proper Names

1. 华侨大厦　Huáqiáo Dàshà　　Overseas Chinese Hotel
2. 海珠广场　Hǎizhū Guǎngchǎng　Haizhu Square

三、　注　释　Notes

1. 您二位请下车

a) "您"是"你"的敬称，但没有"您们"这样的复数形式，常用数量词放在"您"后表示复数。如：

您 is the respectful form of 你. Instead of 您们 the plural form is expressed by adding a numeral plus a measure word, e.g.

您二位　　您三位　　您几位

b) "位"作为量词，它后边用指人的名词，表示敬意，但在"您二位"这样的结构后边可不用指人的名词。如：

位 can be used as a measure word before a noun to show respect, but after such form as 您二位 the noun of person can be omitted, e.g.

这位老师身体很好。

您二位(同志)请这边坐。

2. 好的

"的"在这里是个语气助词。"好的"（也常说："好吧"）可单独成句，表示同意。如：

Here 的 is a modal particle. 好的 (or 好吧) can act as a one-word sentence expressing one's consent or agreement, e.g.

这位同志请给老大娘让个座吧。

——好的。

我们到饭店去吃饭好吗？

——好吧。

四、　练　习　Exercises

(一) 替换练习：

Substitution drills:

1. 请问，去<u>华侨大厦</u>在哪个站下车？　　　沙河饭店

2. <u>老大娘</u>，请这儿坐。　　　　　东方宾馆
　　　　　　　　　　　　　　　　司机同志
　　　　　　　　　　　　　　　　大夫
　　　　　　　　　　　　　　　　潘国强
　　　　　　　　　　　　　　　　张老师

（二）朗读下列词语:

Read aloud the following words and expressions:

坐　　公共汽车　　售票员　　华侨大厦
站　　上车　　下车　　海珠广场　　一张
告诉　　乘客　　老大娘　　让座　　礼貌
这儿　　青年

（三）仿照下列例句回答问题:

Answer the following questions as shown in the examples:

Example: (1) 你去哪儿?
　　　　　　我去华侨大厦。
　　　　　(2) 你去华侨大厦吗?
　　　　　　不，我不去华侨大厦，我去东方宾馆。
　　　　　(3) 你是不是想去饭店吃饭?
　　　　　　是的，我想去饭店吃饭。
　　　　　(4) 你去华侨大厦还是去东方宾馆?
　　　　　　我去华侨大厦。

1. (1) 你去哪儿?　　　　　　　　　　(东方宾馆)
　　(2) 你去华侨大厦吗?　　　　　　　(不，沙河饭店)
　　(3) 你是不是想去华侨大厦?　　　　(是)
　　(4) 你去华侨大厦还是去东方宾馆?　(东方宾馆)

2. (1) 这是什么?　　　　　　　　　　(字画)
　　(2) 这是花茶吗?　　　　　　　　　(不)
　　(3) 这是不是龙井茶?　　　　　　　(是)
　　(4) 这是花茶还是龙井茶?　　　　　(龙井茶)

3. (1) 他是谁?   (我弟弟)

   (2) 他是你叔叔吗?   (是我堂哥)

   (3) 他是不是你叔叔?   (是我爸爸)

   (4) 她是你姐姐还是你妹妹?   (妹妹)

4. (1) 潘国强是哪国人?   (美国)

   (2) 他忙不忙?   (不)

   (3) 他身体好吗?   (很好)

(四) 对话:

Dialogue:

A: 售票员同志, 请问, 去沙河医院(yīyuàn)在哪个站下车?

B: 在沙河大街(jiē)。

A: 多少钱一张票?

B: 五分钱。

A: 买两张。到站的时候, 请告诉我们一声。

B: 好的。

A: 售票员同志, 他不大舒服, 可以让个座吗?

B: 这位同志不舒服, 哪位同志给让个座?

C: 请他到这儿坐吧。

A: 谢谢。

C: 不用谢。

B: 沙河到了, 您二位请下车。

A: 谢谢。

(五) 短文阅读:

Passage reading:

    今天是星期天, 不上课。金山要去华侨大厦找表姐。他买了一张一毛钱的车票。在车上, 他给一位老大娘让座, 老大娘说: "谢谢!"金山说: "不用谢!"到了海珠广场, 售票员告诉他到站了, 他很有礼貌地说: "谢谢!"老大娘说: "现在的青年, 真有礼貌啊!"

第十一课 在 邮 局

Dì-Shíyī Kè　Zài Yóujú

Lesson 11　At the Post Office

一、 课 文 Text

A: 请问，寄这两封信多少钱?

Qǐngwèn, jì zhè liǎng fēng xìn duōshao qián?

Excuse me, how much does it cost to send these two letters?

B: 平信八分，航空信一毛。

Píngxìn bā fēn, hángkōngxìn yì máo.

Eight fen for ordinary mail, ten fen for air mail.

A: 挂号信呢?

Guàhàoxìn ne?

How about registered mail?

B: 每封两毛。

Měi fēng liǎng máo.

Twenty fen for one letter.

A: 都寄挂号信。

Dōu jì guàhàoxìn.

I'd like to have both of the letters registered.

B: 一共四毛。请贴好邮票，交给我。

Yígòng sì máo. Qǐng tiē hǎo yóupiào, jiāo gěi wǒ.

Forty fen altogether. Please hand them to me after you put the stamps on.

A: 好的。

　Hǎode.

　All right.

B: 给您收据。

　Gěi nín shōujù.

　Your receipt.

A: 顺便打听一下，寄往美国的信贴多少邮票?

　Shùnbiàn dǎtīng yí xià, jì wǎng Měiguó de xìn tiē duōshao

　yóupiào?

　By the way, I'd like to know how much it is to mail a letter to

　the U.S.

B: 寄平信还是寄挂号信?

　Jì píngxìn háishi jì guàhàoxìn?

　By ordinary mail or registered?

A: 寄航空挂号。

　Jì hángkōng guàhào.

　By air mail registered.

B: 两块二。

　Liǎng kuài èr.

　Two yuan and twenty fen.

A: 谢谢。

　Xièxie.

　Thank you.

B: 不用谢。

　Búyòng xiè.

　You're welcome.

二、生词和短语　New Words and Expressions

1.	邮局	(名)	yóujú	post office
2.	寄	(动)	jì	to send, to mail
3.	封	(量)	fēng	(a measure word)
4.	信	(名)	xìn	letter
5.	航空	(名)	hángkōng	by air
6.	挂号		guàhào	registered (letter)
7.	每	(代)	měi	every
8.	贴	(动)	tiē	to stick
9.	邮票	(名)	yóupiào	stamp
10.	收据	(名)	shōujù	receipt
11.	顺便	(副)	shùnbiàn	by the way
12.	打听	(动)	dǎtīng	to ask about
13.	一下		yíxià	(a short duration of an action)
14.	平信	(名)	píngxìn	ordinary letter

专 名 Proper Name

北京	Běijīng	Beijing

三、注 释 Notes

1. "几"和"多少"

提问"十"以下的数目时，一般用"几"，"几"后面必须用量词。如：

When asking about numbers under 10, we often use 几 after which there must be a measure word, e.g.

你今天寄了几封信？

现在几点(钟)了?

你家有几口人?

"多少"代表的数目可大可小。可以直接和名词连在一起。如:

The numbers represented by 多少 may be large or small. It can be directly connected with a noun, e.g.

寄这两封信多少钱?

请问,寄到美国的航空信要多少天?

2. 顺便打听一下

　　a) "顺便"的意思是"趁做某事的方便,做另一件事"。如:

顺便 means to do something while doing something else without extra effort, e.g.

我今天去广州找亲戚,顺便买几本书。

你去邮局时,顺便给我寄封信。

　　b) "打听"

"打听"是"探问"的意思。多指跟对方无关的事。使用范围比"问"窄。如:

打听 means to ask for information, which usually has nothing to do with the person spoken to. It is not as widely used as the word 问, e.g.

同志,我想打听一个人。

我打听到他在哪儿了。

　　c) "顺便打听一下"或"顺便问一下",常用在一句话后,另提一件事。如:

顺便打听一下 or 顺便问一下 means "by the way, I'd like to ask...", e.g.

同志,您去哪儿?

——北京路。顺便打听一下,去北京饭店在哪个站下车?

　　d) "一下"

"下"或"下儿"常和"一"连用，表示动作经历时间短促。如:

下 or 下儿 is often used together with 一 to indicate the short duration of an action, e.g.

请你等一下，我很快就回来。

同志，打听一下，去沙河怎么走?

四、练 习 Exercises

(一) 替换练习:
Substitution drills:

请问，寄这<u>两封信</u>多少钱?　　　　挂号信
　　　　　　　　　　　　　　　　　平信
　　　　　　　　　　　　　　　　　航空信
　　　　　　　　　　　　　　　　　航空挂号信

(二) 朗读下列词语和句子:
Read aloud the following expressions and sentences:

信	寄信	寄这两封信多少钱?
航空	挂号	航空挂号信
邮票	请贴好邮票。	
收据	给您收据。	
平信	挂号信	寄平信还是寄挂号信?
邮局	在邮局	

(三) 回答问题:
Answer the following questions:

你的信寄哪儿?　　　　　　　　　　(加拿大)

你寄平信还是寄挂号信?　　　　　　(挂号信)

你寄平信吗?　　　　　　　　　　　(不，寄挂号信)

寄往北京的平信是不是贴八分的邮票?　(是)

寄往北京的航空信贴八分的邮票吗？ （不，一毛）

(四) 对话:

Dialogue:

A: 请问，寄这两封信多少钱?

B: 寄往台山的八分，寄往美国的一块六。

A: 请问，寄到北京的可以寄航空吗?

B: 可以。航空信一毛。

A: 挂号信呢?

B: 每封两毛。

A: 寄往美国的航空挂号信贴多少邮票?

B: 两块二。

A: 谢谢。

B: 不用谢。

(五) 用下列词语说一段话:

Make a passage with the following words:

星期天	去	寄信	两封
信	一封	寄	台山
北京	航空	一毛八分钱	一共

(六) 短文阅读:

Passage reading:

　　昨天，金山写了三封信，一封寄往台山，一封寄往北京，一封寄往美国。今天一早，他拿着信去邮局买邮票。他买了一张八分的，贴在寄往台山的信封上。寄往美国的是航空挂号信，花了两块二毛钱。寄往北京的是挂号信，花了两毛钱。他一共用了两块四毛八。

第十二课 在外文书店

Dì-Shí'èr Kè　　Zài Wàiwén Shūdiàn

Lesson 12 In the Foreign Languages Book Store

一、课　　文　Text

A: 我想买《基础汉语课本》。

Wǒ xiǎng mǎi 《Jīchǔ Hànyǔ Kèběn》.

I'd like to buy *Elementary Chinese Readers*.

B: 是华语教学出版社出的吗?

Shì Huáyǔ Jiàoxué Chūbǎn Shè chū de ma?

Is it published by Sinolingua?

A: 对。

Duì.

Yes.

B: 这就是。一套有五册。

Zhè jiùshì. Yí tào yǒu wǔ cè.

Here you are. There are five books to the set.

A: 听说还有录音带,是吗?

Tīngshuō hái yǒu lùyīndài, shì ma?

I've heard that there are some tapes with the set. Is that so?

B: 是的。您都要吗?

Shìde. Nín dōu yào ma?

Yes, do you want both?

A: 都要。我要两套。

Dōu yào. Wǒ yào liǎng tào.

Yes, I want to buy two sets of both books and tapes.

A: 您这儿有《汉英词典》吗?

Nín zhèr yǒu 《Hàn Yīng Cídiǎn》 ma?

Have you got any *Chinese—English Dictionary*?

B: 有北京外语学院编的,请您看看。

Yǒu Běijīng Wàiyǔ Xuéyuàn biān de, qǐng nín kànkan.

This is a dictionary edited by Beijing Foreign Languages Institute. Wouldyou please have a look?

A: 很好,就要这本。

Hěn hǎo, jiù yào zhè běn.

That's fine. I'll buy this one.

B: 还要买别的书吗?

Hái yào mǎi biéde shū ma?

Would you like to buy any other books?

A: 有没有中国小说？

Yǒu méiyǒu Zhōngguó xiǎoshuō?

Do you have any Chinese novels?

B: 您要哪种文字的？

Nín yào nǎ zhǒng wénzì de?

What language do you want?

A: 英文的。

Yīngwénde.

English.

B: 这是新出版的《红楼梦》，一套有四册。有精装的，也有平装的。

Zhè shì xīn chūbǎn de 《Hónglóumèng》, yí tào yǒu sì cè. Yǒu jīngzhuāngde, yě yǒu píngzhuāngde.

This is the newly published. *A Dream of Red Mansions.* **A set of it has four books. There are both de luxe edition and paperbound edition.**

A: 我要一套平装的。

Wǒ yào yí tào píngzhuāngde.

I want one set of paperbound edition.

二、生词和短语 New Words and Expressions

1.	外文	（名）	wàiwén	foreign language
2.	书店	（名）	shūdiàn	book store
3.	新	（形）	xīn	new
4.	编	（动）	biān	to edit, to write, to compile

5.	套	(量)	tào	set
6.	册	(量)	cè	(a measure word) copy
7.	听说	(动)	tīngshuō	it is said
8.	录音带	(名)	lùyīndài	tape
9.	别的	(代)	biéde	other
10.	书	(名)	shū	book
11.	小说	(名)	xiǎoshuō	novel
12.	出版	(动)	chūbǎn	to publish
13.	精装	(名)	jīngzhuāng	de luxe
14.	平装	(名)	píngzhuāng	paperbound
15.	英文	(名)	Yīngwén	English
16.	种	(量)	zhǒng	(a measure word)

专　名　Proper Names

1. 《基础汉语课本》	《Jīchǔ Hànyǔ Kèběn》	*Elementary Chinese Readers*
2. 华语教学出版社	Huáyǔ Jiàoxué Chūbǎn Shè	Sinolingua
3. 《汉英词典》	《Hàn Yīng Cídiǎn》	*Chinese—English Dictionary*
4. 北京外语学院	Běijīng Wàiyǔ Xuéyuàn	Beijing Foreign Languages Institute
5. 《红楼梦》	《Hónglóumèng》	*A Dream of Red Mansions*

三、注　释　Note

请你看看

"看看"是动词"看"的重叠式。

看看 is the reduplicated form of the verb 看.

在汉语里有一部分动词可以重叠。动词重叠表示动作持续时间短、动作反复多次、轻松或尝试等意义。双音节动词重叠时，以词为单位（即按 AB AB 的方式重叠）。单音节动词重叠，中间可以加"一"。如有动态助词"了"，则放在重叠的动词中间。如:

In Chinese, part of verbs can be reduplicated. The reduplicated verbs show either the shortness of time or the repetition of an action or a relaxed, informal or random action or a try. A disyllabic verb is usually reduplicated by the whole word, that is, in the pattern of ″ABAB″. In a reduplicated monosyllabic verb 一 can be inserted. If a monosyllabic verb takes the aspectual particle 了 in its reduplication, it should be inserted in between, e.g.

你吃点药，休息休息就好了。

你发烧吗? 量一量体温吧。

他来这儿看了看就走了。

四、 练 习 Exercises

(一) 替换练习:

Substitution drills:

1. 我想买《基础汉语课本》。

一幅画

一盒龙井茶

录音带

《汉英词典》

精装的《红楼梦》

中国小说

2. 《汉英词典》有精装的，也有平装的。

邮票	八分	一毛
咖啡	半斤装	一斤装
录音带	中国	英国
小说	中文	英文

3. 还要别的书吗?

邮票
词典
小说
菜
画

(二) 根据课文回答问题:

Answer the following questions according to the text:

1. 你想买什么书?　　　　　英文版的《红楼梦》
　　　　　　　　　　　　　《基础汉语课本》
2. 你想买什么录音带?　　　《基础汉语课本》的录音带
3. 一套有几册?　　　　　　五册
4. 你这儿有《汉英词典》吗? 有北京外语学院编的
　　　　　　　　　　　　　《汉英词典》
5. 你要精装的还是要平装的? 平装的　精装的

(三) 朗读下列词语:

Read the following words and expressions:

想　华语教学出版社　《基础汉语课本》　一套　册
录音带　《汉英词典》　中国小说　英文　新　精装
平装

(四) 对话:

Dialogue:

A: 我想买《红楼梦》。

B: 要英文版的还是中文版的?

A: 要英文版的。

B: 一套有四册。您要平装的还是要精装的?

A: 精装的太贵了,要平装的。

B: 还要什么书吗?

A: 有华语教学出版社出的《基础汉语课本》吗?

B: 有,一套五册。

A: 听说还有录音带,是吗?

B: 是的,您都要吗?

A: 都要。我要一套。

(五) 用下列词语练习对话:

Make up a dialogue with the following expressions:

买五套　《基础汉语课本》　两套《红楼梦》　《基础
汉语课本》　还要录音带　《红楼梦》要精装的

(六) 短文阅读:

Passage reading:

　　金山听说在外文书店有很多新书。今天一大早(yí dà zǎo),他就去外文书店买书了。

　　他买了两套华语教学出版社出的《基础汉语课本》和它(tā)的录音带,买了一本北京外语学院编的《汉英词典》,还买了一套新出版的中国小说《红楼梦》,是平装的。

　　他买到几本好书,欢欢喜喜(huānhuānxǐxǐ)地(de)走了。

第十三课 住旅馆

Dì-Shísān Kè　　Zhù Lǚguǎn

Lesson 13　Staying at a Hotel

一、课 文　Text

A: 我要一个房间。

　　Wǒ yào yí ge fángjiān.

　　I want to reserve a room.

B: 要单人房还是双人房?

　　Yào dānrénfáng háishi shuāngrénfáng?

　　Single room or double room?

A: 单人房，有浴室的。

Dānrénfáng, yǒu yùshì de.

Single room with bathroom.

B: 好。请您填写旅客住宿登记表。

Hǎo. Qǐng nín tiánxiě lǚkè zhùsù dēngjìbiǎo.

O.K. Would you please fill in the form for hotel guests?

A: 可以了吗？

Kěyǐ le me?

Is that all right?

B: 请在这儿填上您的护照号码。

Qǐng zài zhèr tián shàng nín de hùzhào hàomǎ.

Would you please write down your passport number here?

A: 要预付房租吗？

Yào yùfù fángzū ma?

Should I pay in advance for the room?

B: 不用。您要离开宾馆的时候，我们会把帐单开给您的。

Búyòng. Nín yào líkāi bīnguǎn de shíhou, wǒmen huì bǎ zhàngdānr kāi gěi nín de.

No, you needn't. When you leave the hotel, we'll give you a bill.

C: 这是您的房间。

Zhè shì nín de fángjiān.

This is your room.

A: 很不错，又干净，又安静。

Hěn búcuò, yòu gānjìng, yòu ānjìng.

It is very nice. The room is both clean and quiet.

C: 您的行李全在这儿了。这是房间的钥匙。您要外出时，请把钥匙交给这层楼的服务台。

Nín de xíngli quán zài zhèr le. Zhè shì fángjiān de yàoshi. Nín yào wàichū shí, qǐng bǎ yàoshi jiāogěi zhè céng lóu de fúwùtái.

Here is your luggage. This is the key to the door. When you go out, please give the key to the service desk on this floor.

A: 好的，谢谢您。

  Hǎode, xièxie nín.

  All right. Thank you.

C: 不用谢。

  Búyòng xiè.

  You're welcome.

二、生词和短语　New Words and Expressions

1.	旅馆	(名) lǚguǎn	hotel
2.	房间	(名) fángjiān	room
3.	单人房	(名) dānrénfáng	single room
4.	双人房	(名) shuāngrénfáng	double room
5.	浴室	(名) yùshì	bathroom
6.	填写	(动) tiánxiě	to fill in
7.	表	(名) biǎo	form
8.	护照	(名) hùzhào	passport
9.	号码	(名) hàomǎ	number
10.	预付	(动) yùfù	to pay in advance
11.	房租	(名) fángzū	room rent
12.	离开	(动) líkāi	to leave
13.	会	(动) huì	will, can
14.	把	(介) bǎ	(a preposition showing disposal)
15.	帐单	(名) zhàngdānr	bill
16.	干净	(形) gānjìng	clean

17. 安静	(形)	ānjìng	quiet
18. 行李	(名)	xíngli	luggage
19. 全	(副)	quán	all
20. 钥匙	(名)	yàoshi	key
21. 外出		wàichū	to go out
22. 层	(量)	céng	floor
23. 服务台	(名)	fúwùtái	the service desk
24. 旅客	(名)	lǚkè	hotel guest, traveller
25. 住宿	(动)	zhùsù	to stay, to live
26. 登记	(动)	dēngjì	to register
27. 住	(动)	zhù	to live, to stay

三、注　释　Note

又干净, 又安静

"又…又…"可表示几个动作、状态、情况累积在一起。如:

The construction 又…又… is employed to express that several actions,states, or circumstances are co-existing, e.g.

他算得又快又准。

这个房间又干净, 又安静。

我又发烧, 又头痛, 很不舒服。

四、练　习　Exercises

(一) 替换练习:

Substitution drills:

1. 这是您的房间。　　　　　　房间的钥匙

　　　　　　　　　　　　　　服务台

　　　　　　　　　　　　外文书店

　　　　　　　　　　　　《汉英词典》

　　　　　　　　　　　　单人房

　　　　　　　　　　　　双人房

　　　　　　　　　　　　浴室

　　　　　　　　　　　　护照

　　　　　　　　　　　　宾馆

2. 这房间又干净，　　　国强　发烧　头疼
　　又安静。　　　　　　我妹妹　头疼　咳嗽

　　　　　　　　　　　　我们　喝啤酒　喝汽水

　　　　　　　　　　　　她哥哥　买花茶　买字画

　　　　　　　　　　　　张老师　买书　买录音带

　　　　　　　　　　　　这位司机开车　快　好

3. 你要预付房租吗?　　上车

　　　　　　　　　　　　买书

　　　　　　　　　　　　寄信

　　　　　　　　　　　　房间

　　　　　　　　　　　　房间钥匙

　　　　　　　　　　　　买点什么

　　　　　　　　　　　　吃药

　　　　　　　　　　　　休息

(二) 朗读下列短语:

Read aloud the following expressions:

上车　吃饭　点菜　看病　寄信　让座

在美国　量体温　有急事　贴邮票　住旅馆

开帐单　交钥匙　预付房租　填护照号码

买票　买书　买画　买东西　买龙井茶　买录音带

卖菜　卖药　卖东西

去台山　去邮局　去东方宾馆　去外文书店

到站　到广州　到北京

喝茶　喝汽水　喝咖啡

坐出租汽车　坐公共汽车

喜欢中餐　喜欢西餐

(三) 运用所给的词语回答问题:

Answer the questions using the following words as shown in the parentheses:

1. 你要单人房还是双人房?　　(单人房，有浴室的)

2. 要预付房租吗?　　　　　　(不用)

3. 外出时，把钥匙交到哪儿?　(交给这层楼的服务台)

4. 这儿填写什么?　　　　　　(要填上护照号码)

(四) 对话:

Dialogue:

A: 同志，我要一个单人房，有浴室的。

B: 好的。请您填写旅客住宿登记表。

A: 要预付房租吗?

B: 不用。

A: 国强，见到您，真高兴。您也住在这儿吗?

国强: 是的，我住在 316 房。

A: 等一会儿我一定去找您。

C: 这是您的房间。

A: 真好。又舒服，又安静。

C: 您的行李全在这儿了，这是房间的钥匙。您要外出时，请
把钥匙交给这层楼的服务台。

A: 好的。谢谢您。

C: 不用谢。

(五) 短文阅读:

Passage reading:

　　金山去住旅馆。他要了一间(jiān)有浴室的单人房。服务

员告诉他:"行李全在这儿。"服务员交给他旅客住宿登记表,叫他一定要填写护照号码。他要预付房租,服务员说:"不用。您离开旅馆的时候,我们会把帐单开给您的。"这间房又干净,又安静,他觉得(juéde)很舒服。休息了一会儿,他要外出吃饭。他把房间钥匙交到服务台,才离开旅馆。

第十四课　打电话
Dì-Shísì Kè　Dǎ Diànhuà

Lesson　14　Making a Phone Call

一、课　文　Text

市内电话　(Shìnèi Diànhuà　Local Call)

A: 喂，是东方宾馆吗？

Wèi, shì Dōngfāng Bīnguǎn ma?

Hello, is that Dongfang Hotel?

B: 对，您找谁?

　　Duì, nín zhǎo shuí?

　　Yes, who do you wish to speak to?

A: 请转354号房。喂，354号房吗? 我找潘国强。

　　Qǐng zhuǎn sānwǔsì hào fáng. Wèi, sānwǔsì hào fáng ma?

　　Wǒ zhǎo Pān Guóqiáng.

　　I want room 354. Hello, is that room 354? I wish to speak to Pan
　　Guoqiang.

C: 我就是。你是谁?

　　Wǒ jiù shì. Nǐ shì shuí?

　　This is Pan Guoqiang speaking. Who is calling?

A: 啊，国强，你好! 我是金山。我昨天到广州，住在广州中国语言
　　文化学校。

　　A, Guóqiáng, nǐ hǎo! Wǒ shì Jīn Shān. Wǒ zuótiān dào
　　Guǎngzhōu, zhù zài Guǎngzhōu Zhōngguó Yǔyán Wénhuà
　　Xuéxiào.

　　Ah, Guoqiang. How are you? I am Jin Shan. I arrived in
　　Guangzhou yesterday. I am staying in the Guangzhou Chinese
　　Language and Culture School.

C: 那太好了，我正等着你呢。你来我这儿好吗?

　　Nà tài hǎo le, wǒ zhèng děngzhe nǐ ne. Nǐ lái wǒ zhèr hǎo ma?

　　That's very good. I've been waiting for you. Will you please
　　come here?

A: 什么时候?

　　Shénme shíhou?

　　When shall I go there?

C: 现在。行吗?

　　Xiànzài. Xíng ma?

　　Right now. Is that all right?

A: 好的，我这就去。

Hǎode, wǒ zhèjiù qù.

All right. I will go there right away.

长途　Chángtú　A Long–distance Call

A: 同志，我要打个长途电话。

Tóngzhì, wǒ yào dǎ ge chángtú diànhuà.

Comrade, I want to make a long–distance call.

B: 好的。请您把地址、电话号码写下来。

Hǎode. Qǐng nín bǎ dìzhǐ, diànhuà hàomǎ xiě xiàlái.

All right. Please write down your address and telephone number.

A: 您看我这样写行吗?

Nín kàn wǒ zhèyàng xiě xíng ma?

Please have a look. Is that all right?

B: 行。请稍等一下。

Xíng. Qǐng shāo děng yíxià.

All right. Wait a moment, please.

B: 您的电话接通了。

Nín de diànhuà jiē tōng le.

The call has been put through.

A: 谢谢。

Xièxie.

Thank you.

二、生词和短语　New Words and Expressions

1.　打电话　　　　dǎ diànhuà　　　to make a phone call

— 90 —

2.	市内	shìnèi	in city, local
3.	喂	(叹) wèi	hello
4.	转	(动) zhuǎn	to turn, to change, to connect
5.	昨天	(名) zuótiān	yesterday
6.	啊	(叹) à	(an interjection)
7.	长途	chángtú	long distance
8.	地址	(名) dìzhǐ	address
9.	写	(动) xiě	to write
10.	这样	(代) zhèyàng	like this, this way
11.	稍	(副) shāo	a bit, a little
12.	接通	(动) jiētōng	to put through

专　名　Proper Names

1.	金山	Jīn Shān	(name of a person)

2. 广州中国语言文化学校
Guǎngzhōu Zhōngguó Yǔyán Wénhuà Xuéxiào
the Guangzhou Chinese Language and Culture School

三、注　释　Notes

1. 那太好了

"太"用在形容词和某些动词前边，表示程度高，句末常用语气助词"了"。如：

太 can be put in front of adjectives or certain verbs to indicate a high degree. The aspectual particle 了 is often used correspondingly at the end of the sentence, e.g.

你太客气了。

菜太多了。

这幅画太贵了。

2. 我这就来

"这"在这里是"现在"的意思，用于口语，后面常用"就"等。如：

Here 这 means "right now" in spoken Chinese. It is often followed by 就 or a word of that kind, e.g.

别着急，我这就告诉你。

请你等一等，他这就给你送来。

请稍等一下，我这就给您接。

四、 练 习 Exercises

(一) 替换与扩展:

Substitution and expansion drills:

A: 1. 喂, 是东方宾馆吗?   沙河饭店

                                     沙河邮局

                                     外文书店

2. 请转 354 号房。   467

                                     589

                                     694

                                     123

3. 我住在广州中国语言文化学校。 东方宾馆

                                     叔叔家

                                     姨妈家

                                     张老师家

B: 按下列例子扩展:

例: 去

去邮局
我去邮局。
我这就去邮局。

1. 买 (东西)
2. 打 (球)
3. 写 (字)

(二) 朗读下列句子:

Read the following sentences:

我找潘国强。

我就是。你是谁?

我正等着你呢。

你来我这儿好吗?

我这就去。

我要打个长途电话。

请你把电话号码写下来。

您看我这样写行吗?

请稍等一下。

我这就给你接。

您的电话接通了。

(三) 回答问题:

Answer the questions:

1. 你找谁?　　　　　　(国强　金山　张老师)
2. 你住在哪儿?　　　　　(广州中国语言文化学校)
3. 广州中国语言文化学校的电话号码是多少?
　　　　　　　　　　　　　　　(76202)
4. 电话接通了吗?　　　　(接通了)
5. 你来我这儿好吗?　　　(好的)
6. 什么时候?　　　　　　(现在)

(四) 对话:

Dialogue:

A: 喂，是广州中国语言文化学校吗？

B: 对，您找谁？

A: 请转八号楼。喂，八号楼吗？我找104号潘国强。

C: 我就是。你是谁？

A: 啊，国强，你好！我是金山。我今天到广州，住在东方宾馆。

C: 那太好了。你来我这儿好吗？

A: 好的，我现在就去。

(五) 按照下列要求组织对话:

Make up a dialogue according to the situations:

(1) 潘国强住在华侨大厦316号房。金山打电话找他（金山今天到广州，住在广州中国语言文化学校）。

(2) 和同班同学打电话，一个在新楼三楼打电话，一个在八号楼接电话。

(六) 短文阅读:

Passage reading:

金山昨天到广州，住在广州中国语言文化学校。今天给潘国强打电话。潘国强住在东方宾馆354号房，他正等着金山。

金山的弟弟去了北京，他要给弟弟打个长途电话。他把弟弟的地址、电话号码告诉潘国强，请潘国强替(tì)他打。电话一会儿就接通了。

第十五课 问 路

Dì-Shíwǔ Kè Wèn Lù

Lesson 15 Asking the Way

一、课 文 Text

A: 请问，这条路可以到外文书店吗？

Qǐngwèn, zhè tiáo lù kěyǐ dào Wàiwén Shūdiàn ma?

Excuse me, is this the way to the Foreign Languages Book Store?

B: 您走错了。这条路到不了外文书店。

Nín zǒu cuò le. Zhè tiáo lù dào bù liǎo Wàiwén Shūdiàn.

No, you've gone the wrong way. This street doesn't go to the Foreign Languages Book Store.

A: 那到外文书店该怎么走呢?

Nà dào Wàiwén Shūdiàn gāi zěnme zǒu ne?

How can I get to the Foreign Languages Book Store?

B: 您往回走，到十字路口，再往左拐弯就是了。

Nín wàng huí zǒu, dào shízì lùkǒu, zài wàng zuǒ guǎiwānr jiùshì le.

You should turn back to the crossroads, and turn left, then you'll see the store.

A: 谢谢。

Xièxie.

Thank you.

B: 不谢。

Bú xiè.

Not at all.

※   ※   ※

A: 请问，这儿离外文书店还有多远?

Qǐngwèn, zhèr lí Wàiwén Shūdiàn hái yǒu duō yuǎn?

Excuse me, how far is it from here to the Foreign Languages Book Store?

C: 没多远了。您一直往前走就是了。

Méi duō yuǎn le. Nín yìzhí wàng qián zǒu jiù shì le.

It's not very far. Go straight ahead and you'll be there.

A: 顺便打听一下，到南方大厦乘几路车?

Shùnbiàn dǎting yíxià, dào Nánfāng Dàshà chéng jǐ lù chē?

By the way, which bus should I take to the Nanfang Building?

B: 您过了马路，在对面乘一路车。

Nín guò le mǎlù, zài duìmiàn chéng yī lù chē.

Walk across the street, take bus No.1 on the other side and then you can get to the Nanfang Building.

A: 在哪个站下车?

Zài nǎ ge zhàn xià chē?

Where shall I get off the bus?

C: 就在南方大厦站下车。

Jiù zài Nánfāng Dàshà zhàn xià chē.

At the stop of the Nanfang Building.

A: 太麻烦您了。谢谢。

Tài máfan nín le. Xièxie.

I've put you to so much trouble. Thank you.

C: 不谢。

Bú xiè.

Not at all.

二、生词和短语　New Words and Expressions

1.	问路		wèn lù	to ask the way
2.	十字路口	(名)	shízì lùkǒu	crossroads
3.	左	(名)	zuǒ	left
4.	拐弯		guǎiwān	to turn a corner
5.	还有		hái yǒu	still, yet
6.	远	(形)	yuǎn	far
7.	一直	(副)	yìzhí	straight ahead
8.	前	(名)	qián	forward, ahead

9.	过	(动) guò	to across
10.	马路	(名) mǎlù	street, road
11.	对面	(名) duìmiàn	opposite
12.	乘	(动) chéng	to take
13.	路(车)	(量) lù(chē)	(bus) route
14.	麻烦	(动) máfan	to trouble

专　名　Proper Name

南方大厦　　　Nánfāng Dàshà　　Nanfang Building

三、　注　释　Notes

1. **往左拐弯**

"往"是"朝"、"向"的意思。可以说"往东"、"往前"、"往左"、"往回"等。

往 means "to", "towards". We may say 往东 (to the east), 往前 (forward),往左 (to the left), 往回 (to turn back), etc.

2. **这儿离外文书店还有多远**

"离"用来表示时间或空间的距离。

Here 离 means "from" and is used to tell the distance in space or time, e.g.

我们学校离广州不远。

离开学只有两天了。

四、　练　习　Exercises

(一) 替换与扩展:

Substitution and expansion drills:

A. 1. 请问，这条路是到外文书店的吗？　　　　沙河
　　　到外文书店该怎么走？　　　　　　　　沙河饭店
　　　这儿离外文书店还有多远？
　　　　　　　　　　　　　广州中国语言文化学校
　　　　　　　　　　　　　东方宾馆
　 2. 到南方大厦乘几路车？　　　　　沙河饭店
　　　　　　　　　　　　　东方宾馆
　　　　　　　　　　　　　外文书店
　　　　　　　　广州中国语言文化学校

B. 例：Example:
　　　　找
　　　　找老师
　　　我找老师。
　　　我找汉语老师。
　　(1) 乘 (车)
　　(2) 喝 (茶)
　　(3) 吃 (饭)

(二) 读下列生字并口头组词：

Read the following new characters, and form words with each
of them orally.

问 wèn （　　　）　　　文 wén （　　　　　）
外 wài （　　　）　　　房 fáng （　　　　　）
饭 fàn （　　　）　　　票 piào （　　　　　）
啡 fēi （　　　）

(三) 根据课文回答问题：

Answer the questions according to the text:

1. 到外文书店怎么走呢？
2. 到南方大厦乘几路车？在哪个站下车？

(四) 对话:

Dialogue:

A: 请问，这条路是到广州中国语言文化学校的吗？

B: 您走错了，这条路不到广州中国语言文化学校。

A: 那到广州中国语言文化学校该怎么走呢？

B: 往右走就是了。

A: 谢谢。

B: 不谢。

※　　　　　　※　　　　　　※

A: 请问，这儿离东方宾馆还有多远？

B: 没多远了，您一直往前走就是了。

A: 顺便打听一下，到南方大厦乘几路车？

B: 您过了马路，在对面乘二路电车 (tram, trolley) 就可以到南方大厦。

A: 在哪个站下车？

B: 在南方大厦站下车。

A: 太麻烦您了。谢谢。

B: 不谢。

(五) 把下列句子改换形式提问:

Change the question forms after the following example:

例: Example: 他是你的爸爸吗？

他是不是你的爸爸？

他是你爸爸还是你叔叔？

1. 这是外文书店吗？

2. 他是你的弟弟吗？

3. 你去寄信吗？

(六) 短文阅读:

Passage reading:

金山要到外文书店，潘国强说："这条路可以到外文书店。"他走错了，别人告诉他，去外文书店应该往回走，过了十字路口再往前就是了。金山顺便打听到南方大厦乘几路车，到哪个站下车。那个人说："你过了马路，在对面乘一路车，在南方大厦站下车。"金山说："太麻烦您了，谢谢。"

第十六课 兑 换
Dì-Shíliù Kè　Duìhuàn

Lesson 16　Exchange

一、课 文　Text

外币兑换处

A: 同志，我要兑换人民币。

　　Tóngzhì, wǒ yào duìhuàn rénmínbì.

　　Comrade, I'd like to exchange for Renminbi.

B: 您带的是什么外币？

　　Nín dàide shì shénme wàibì?

　　What foreign currency have you brought with you?

A: 美元。

Měiyuán.

American dollars.

B: 请您先填一张兑换单。

Qǐng nín xiān tián yì zhāng duìhuàndān.

Would you please fill in the form for exchange?

A: 怎么个填法?

Zěnme ge tiánfǎ?

How to fill in the form?

B: 请您填上面的空栏，下面的空栏不用填。

Qǐng nín tián shàngmian de kònglán, xiàmian de kònglán búyòng tián.

Fill in the above blanks please. Leave alone the ones below.

A: 用中文写还是用英文写?

Yòng Zhōngwén xiě háishi yòng Yīngwén xiě?

Shall I write in Chinese or in English?

B: 都可以。钱数请用阿拉伯数字写。

Dōu kěyǐ. Qián shù qǐng yòng Ālābó shùzì xiě.

Either will do. Write down the total sum of money in Arabic numerals.

A: 对不起，我写错了。

Duìbuqǐ, wǒ xiě cuò le.

Excuse me, I've made a mistake.

B: 不要紧，再填一张。

Bú yàojǐn, zài tián yì zhāng.

It doesn't matter. Fill in another one.

A: 您看这样填行吗?

Nín kàn zhèyàng tián xíng ma?

Is it all right?

B: 行。

    Xíng.

    Yes.

A: 这是我的钱和护照。

    Zhè shì wǒ de qián hé hùzhào.

    Here is my money and passport.

B: 您这是100美元。今天美元与人民币的兑换率是1比 3.72。100 美元共换人民币 372 元。请数一数。

    Nín zhè shì yìbǎi měiyuán. Jīntiān měiyuán yǔ rénmínbì de duìhuànlǜ shì yī bǐ sān diǎn qī'èr. Yìbǎi měiyuán gòng huàn rénmínbì sānbǎi qīshí èr yuán. Qǐng shǔyishǔ.

    This is $ 100. The exchange rate today between American dollar and RMB is 1 to 3.72. One hundred American dollars will exchange for three hundred and seventy-two yuan RMB. Please check and see if the money is right.

A: 正好。谢谢。

    Zhènghǎo. Xièxie.

    That is just right. Thank you.

B: 不用谢。

    Búyòng xiè.

    You are welcome.

二、生词和短语　New Words and Expressions

1. 兑换　　　(动) duìhuàn　　　to exchange
2. 带　　　　(动) dài　　　　　to bring
3. 外币　　　(名) wàibì　　　　foreign currency
4. 兑换单　　(名) duìhuàndān　　form for exchange
5. 填(法)　　(动) tián(fǎ)　　　to fill in

6.	上面	(名)	shàngmian	above
7.	空栏	(名)	kònglán	space column
8.	下面	(名)	xiàmian	below
9.	用	(动)	yòng	to use
10.	钱数	(名)	qiánshù	total of money
11.	数字	(名)	shùzì	number
12.	先	(副)	xiān	first
13.	错	(形)	cuò	wrong
14.	百	(数)	bǎi	hundred
15.	兑换率	(名)	duìhuànlǜ	exchange rate
16.	人民币		rénmínbì	Renminbi (RMB)
17.	美元		měiyuán	American dollar
18.	比	(动)	bǐ	to
19.	共	(动)	gòng	altogether
20.	换	(动)	huàn	to exchange
21.	数	(动)	shǔ	to check
22.	正好	(副)	zhènghǎo	just right
23.	中文	(名)	Zhōngwén	Chinese (language)

专 名 Proper Name

阿拉伯　　　　Alābó　　　　　Arabic

三、 注 释 Notes

1. 怎么(个)填法

"填法"中的"法"是"方法"，能和许多动词组合成名词。例如："想法"、"吃法"等等。"怎么（个）填法?"意思是"怎么填"。例如：

法 in 填法 means 方法 (method). It can be attached to a verb to form a compound noun such as 想法 (idea), 吃法 (way to eat), etc. 怎么(个)填法 means the same as 怎么填 (how to fill in), e.g.

请问，长途电话怎么(个)打法?

车费怎么(个)算法?

美元怎么(个)换法?

2. 不要紧

当对方表示遗憾、歉意或担忧，劝慰对方不要把事情看得过于严重时常用，意思是"没什么要紧"、"没什么重大关系"。(参看第六课注释 2)

When someone expresses regret over, offers an apology for, or worries about a matter, we say 不要紧. This is to tell him (or her) not to take the matter so serious, that is, there is nothing important or it doesn't matter. (See Lesson 6 "Notes 2")

3. 正好

"正好"是"合适"的意思。说明时间、位置不前不后，体积不大不小，数量不多不少，程度不高不低。如:

正好 means suitable or appropriate. It indicates that the time, location, volume, degree or amount is exactly as accurate, precise or appropriate as expected, e.g.

(1) 这是 372 块(钱)，请数一数。

——正好。谢谢。

(2) 你来得正好，我正要打电话找你呢。

四、练 习 Exercises

(一) 替换与扩展:

Substitution and expansion drills:

A: 1. 这是我的钱和护照。　　地址　电话号码

車票　行李
書　　字画

2. 我要兑换<u>人民币</u>。　外币
　　　　　　　　　美元

3. 你看这样<u>填</u>行吗?　　写

　　　　　　　　　贴

　　　　　　　　　算

　　　　　　　　　画

B.　例: Example:

　　　　　　兑换单
　　　　　一张兑换单
　　　　填一张兑换单
　　　你填一张兑换单。

(1) 美元(块、换)

(2) 字　(个、写)

(二) 朗读下列词语和句子:

Read aloud the following words and sentences:

人民币　外币　填　空栏　中文　英文　钱数　写错
不要紧　兑换　兑换率　兑换单

　　我要兑换人民币。

　　请你先填一张兑换单。

　　钱数请用阿拉伯数字写。

　　这是我的钱和护照。

　　请数一数。

(三) 仿照下列例句回答问题:

Answer the questions after the example:

例: Example: (我)用中文写还是用英文写?　(英文)

　　　　　　——用英文写。

1. 他是中国人还是外国人?　　　　　　(外国人)

2. 他是美国人还是泰国人?   (泰国人)

3. 你带的是外币还是人民币?   (外币)

(四) 对话:

Dialogue:

A: 同志, 我要兑换人民币。

B: 你带的是什么外币?

A: 港币。

B: 请您先填一张兑换单。

A: 填好了, 您看可以吗?

B: 钱数请用阿拉伯数字写。

A: 对不起, 我写错了。

B: 不要紧, 再填一张。

A: 我换 500 块港币。

B: 今天港币与人民币的兑换率是1:0.47, 500块港币共换人民币 235 块。请数一数。

A: 正好, 谢谢您了。

B: 不用谢。

  (注 Note: 港币 gǎngbì Hong Kong dollar)

(五) 短文阅读:

Passage reading:

     在中国, 买东西要用人民币。你带来的是外币, 就要到银行(yínháng)去兑换人民币。

     外币兑换人民币时, 要先填写兑换单, 填写要兑换的是什么外币和兑换的钱数。把兑换单和外币交给银行的工作同志, 还要让他看看你的护照, 他就会把人民币交给你了。

(六) 看图或根据事实回答问题:

Answer questions according to the pictures or to fact:

例: Example: 书店离学校远不远?

             ——很远。

1. 邮局离饭店
   远不远?
2. 外文书店离
   华侨大厦远不远?
3. 学校离饭店远不远?

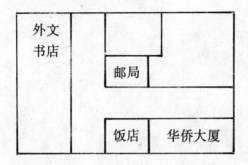

第十七课 体育活动

Dì-Shíqī Kè   Tǐyù Huódòng

Lesson 17 Sports Activities

一、 课 文 Text

A: 四点半了，到运动场去锻炼锻炼吧。

Sì diǎn bàn le, dào yùndòngchǎng qù duànliàn duànliàn ba.

It is half past four. Shall we go to do some exercises in the playground?

B: 好的。是打球还是跑步?

Hǎode. Shì dǎ qiú háishi pǎobù?

All right. Play ball or go running?

A: 踢足球吧。

Tī zúqiú ba.

Let's play football.

B: 人太少了,没意思。还是去溜冰吧。

Rén tài shǎo le, méi yìsi. Háishi qù liūbīng ba.

There are too few people here. It won't be interesting. Let's go skating.

A: 也好。

Yě hǎo.

All right.

B: 走吧。

Zǒu ba.

Let's go.

A: 你看,到处都有人在锻炼。

Nǐ kàn, dàochù dōu yǒu rén zài duànliàn.

Look, there are people doing exercises everywhere.

B: 是啊。那两位同学的羽毛球打得真好。

Shì a. Nà liǎng wèi tóngxué de yǔmáoqiú dǎ de zhēn hǎo.

That's right. Those two students are playing badminton very well.

A: 不错。你也喜欢打羽毛球吗?

Búcuò. Nǐ yě xǐhuan dǎ yǔmáoqiú ma?

Not bad. You like playing badminton too, don't you?

B: 是的。

Shìde.

Yes.

A: 你看，那边正在进行排球比赛，这边在进行网球比赛呢。

Nǐ kàn, nàbiān zhèngzài jìnxíng páiqiú bǐsài, zhèbiān zài jìnxíng wǎngqiú bǐsài ne.

Look, a volleyball match is going on over there, and a tennis match is going on over here.

B: 别看了。快走吧。

Bié kàn le. Kuài zǒu ba.

Come on, let's go.

(A、B 在打羽毛球。   A and B are playing badminton.)

A: 一比一,平了。

Yī bǐ yī, píng le.

The two sides tied at 1-1.

C: 我到处找你们,原来你们在这儿。

Wǒ dàochù zhǎo nǐmen, yuánlái nǐmen zài zhèr.

I've been looking for you everywhere. So, you are here!

B: 什么事?

Shénmen shì?

What's up?

C: 打篮球去。金山他们要和我们比赛。

Dǎ lánqiú qu. Jīn Shān tāmen yào hé wǒmen bǐsài.

Let's go play basketball. Jin Shan and others are going to have a match with us.

A: 我们这儿谁输谁赢还不知道呢。

Wǒmen zhèr shuí shū shuí yíng hái bù zhīdào ne.

We don't know yet who will win the game.

B: 算了。别让他们等我们了。

Suànle. Bié ràng tāmen děng wǒmen le.

Forget it. Don't keep them waiting for us.

A: 也好。不过,下次我一定要赢你的。

　　Yě hǎo. Búguò, xià cì wǒ yídìng yào yíng nǐ de.

　　All right. But I'm sure I'll beat you next time.

C: 别说了。快走吧。

　　Bié shuō le. Kuài zǒu ba.

　　That's O.K. Hurry up!

二、生词和短语　New Words and Expressions

1.	体育	（名）tǐyù	physical culture, sport
2.	活动	（名）huódòng	activity
3.	运动场	（名）yùndòngchǎng	playground
4.	锻炼	（动）duànliàn	to train
5.	好的	hǎode	all right
6.	打球	dǎ qiú	to play ball
7.	跑步	（名、动）pǎobù	to run; running
8.	踢	（动）tī	to play, to kick
9.	溜冰	（名）liūbīng	skating
10.	到处	（名）dàochù	everywhere
11.	同学	（名）tóngxué	classmate
12.	羽毛球	（名）yǔmáoqiú	badminton
13.	得	（助）de	(a structural particle)
14.	正在	（副）zhèngzài	(an adverb indicating an action in progress)
15.	进行	（动）jìnxíng	to be in progress
16.	排球	（名）páiqiú	volleyball
17.	比赛	（动、名）bǐsài	match; to contest
18.	网球	（名）wǎngqiú	tennis
19.	打平	dǎ píng	to even up the score, to tie

20.	原来	(副)	yuánlái	oh, it turns out that...
21.	事	(名)	shì	matter
22.	篮球	(名)	lánqiú	basketball
23.	输	(动)	shū	to lose
24.	赢	(动)	yíng	to win
25.	知道	(动)	zhīdao	to know
26.	算了	(动)	suànle	let it be, forget it
27.	不过	(连)	búguò	but
28.	下次		xià cì	next time
29.	说	(动)	shuō	to say, to speak
30.	快	(形)	kuài	quick, fast

三、注　释　Notes

1. 呢(三)

句末的语气助词"呢"，可与句中的动词前面的"正在"、"正"或"在"一起，表示一个动作正在进行。如：

The modal particle 呢 at the end of a sentence shows an action in progress together with 正在, 正 or 在 which is put in front of the verb in the sentence, e.g.

　　这边正在进行着一场排球比赛呢。

　　我们正锻炼身体呢。

　　我在写信呢。

句末的语气助词"呢"，也可与句中动词前面的"还不"一起，表示一个动作尚未发生。如：

The modal particle 呢 at the end of a sentence, together with 还不 which is put in front of the verb, shows that an action hasn't taken place yet, e.g.

谁赢谁输还不知道呢。

2. 算了

　　"算了"可用来劝告对方放弃自己的意见或中止自己的行动。意思是"作罢，不用计较"。如:

When one intends to advise the other side to give up his idea or let up his action, the expression 算了 may be used. It means "let it be" or "that's the end of the matter", e.g.

　　算了。别看了，我们打篮球去吧。

　　你想吃西餐，算了吧，还是吃中餐好。

四、 练 习 Exercises

(一) 替换与扩展:

Substitution and expansion drills:

A. 1. 你是打球还是跑步?　　　　打网球　打羽毛球

　　　　　　　　　　　　　　　打排球　溜冰

　　2. 我们还是打网球吧。　　　　打羽毛球

　　　　　　　　　　　　　　　打排球

　　　　　　　　　　　　　　　踢足球

　　　　　　　　　　　　　　　溜冰

　　3. 现在正在进行排球比赛。　　羽毛球

　　　　　　　　　　　　　　　足球

　　　　　　　　　　　　　　　网球

　　　　　　　　　　　　　　　篮球

　　4. 金山他们要和我们比赛。　　国强

　　　　　　　　　　　　　　　张老师

　　5. 我喜欢打羽毛球。　　　　　吃炒沙河粉

　　　　　　　　　　　　　　　画画

　　　　　　　　　　　　　　　看书

写书

溜冰

打球

跑步

锻炼身体

学中国话

B. 例：Example:　　　身体

锻炼身体

我锻炼身体。

我在运动场锻炼身体。

(1) 球（打　运动场）

(2) 画（画　房间）

(二) 根据你的实际情况回答问题：

Give your answers to the questions:

1. 你喜欢打羽毛球还是喜欢打排球?

2. 你喜欢溜冰吗?

3. 你喜欢溜冰还是喜欢打球?

4. 你喜欢打网球吗?

(三) 对话：

Dialogue:

A: 我们到球场去锻炼锻炼身体吧。

B: 好的。

A: 打网球吧?

B: 不，我想打羽毛球。你喜欢打羽毛球吗?

A: 喜欢。我们打完羽毛球就去溜冰，好吗?

B: 太好了。

※　　　　　※　　　　　※

C: 我到处找你们，原来你们在这儿啊。

B: 什么事？

C: 溜冰去。

A: 我们正想去溜冰呢！一块儿去吧。

B: 好。

(四) 短文阅读:

passage reading:

　　四点半了，很多人都到运动场去锻炼身体。有的人跑步，有的人踢足球，有的人打网球和羽毛球。排球场上正在进行着一场排球比赛，他们打得真好。很多人都在那儿看比赛。

　　溜冰场上，溜冰的人也不少。我和国强原来想去溜冰，金山他们要我们去打篮球，我们就和金山他们打篮球去了。

第十八课 游七星岩

Dì-Shíbā Kè   Yóu Qīxīngyán

Lesson 18 Touring the Seven-Star Crags

一、课 文 Text

A: 瞧，前面就是七星岩了!

Qiáo, qiánmiàn jiù shì Qīxīng Yán le!

Look! The Seven-Star Crags is over there!

B: 啊! 一百多公里的路, 这么快就到了!

A! Yìbǎi duō gōnglǐ de lù, zhème kuài jiù dào le!

Ah! How fast the 100 kilometres went by!

C: 你看, 这儿的风景多美啊!

Nǐ kàn, zhèr de fēngjǐng duō měi a!

Look! How beautiful the scenery is!

B: 真不错。绿水青山, 美极了。

Zhēn búcuò. Lǜ shuǐ qīng shān, měi jí le.

It's true. How beautiful the clean water and green hills are!

A: 你们看, 这七座山, 象不象天上的北斗七星?

Nǐmen kàn, zhè qī zuò shān, xiàngbuxiàng tiānshang de Běidǒu qīxīng?

Look, the seven hills look like the Great Bear in the northen sky, don't they?

B: 啊, 有点儿象!

A, yǒu diǎnr xiàng!

Yes, they do look a little like the stars of the Big Dipper.

C: 怪不得人们叫它七星岩了!

Guàibude rénmen jiào tā Qīxīng Yán le!

That's why the place is called Seven Star Crags.

A: 说得对。七星岩四周的湖就是星湖。

Shuōde duì. Qīxīngyán sìzhōu de hú jiùshì Xīng Hú.

You are right. The lake around the Seven Star Crags is called Star Lake.

B: 你真象个导游。

Nǐ zhēn xiàng ge dǎoyóu.

You really look like a tour guide.

C: 来吧, 就在这儿照几张相。

Lái ba, jiù zài zhèr zhào jǐ zhāng xiàng.

Come over here! Let's take some pictures.

B: 听说可以乘船游览岩洞，是吗?

Tīngshuō kěyǐ chéng chuán yóulǎn yándòng, shì ma?

It is said that we can tour a cave by boat, can't we?

A: 是的。

Shìde.

Yes, we can.

C: 那就快去吧。

Nà jiù kuài qù ba.

Let's go then.

二、 生词和短语　New Words and Expressions

1.	游	(动) yóu	to tour
2.	瞧	(动) qiáo	to look
3.	风景	(名) fēngjǐng	scenery
4.	美	(形) měi	beautiful
5.	绿水青山	lǜshuǐ qīngshān	clean water and green hills
6.	极	(副) jí	extremely
7.	象	(动) xiàng	to look like
8.	天	(名) tiān	sky
9.	北斗七星	Běidǒu qī xīng	the Big Dipper (the Great Bear)
10.	怪不得	guàibude	no wonder
11.	人们	(名) rénmen	people
12.	它	(代) tā	it
13.	对	(形) duì	right
14.	四周	(名) sìzhōu	around

15. 导游	(名) dǎoyóu	guide
16. 照	(动) zhào	to take
17. 相	(名) xiàng	picture
18. 船	(名) chuán	boat, ship
19. 岩洞	(名) yándòng	cave inside a crag, grotto

专　名　Proper Names

| 1. 七星岩 | Qīxīng Yán | Seven—Star Crags |
| 2. 星湖 | Xīng Hú | Star Lake |

三、 注　释　Notes

1. 美极了

"……极了"用在形容词和表示心理活动的动词后边作补语，表示达到最高的程度。如：

When …极了 serves as a complement and goes after an adjective or a verb denoting mentation, it indicates extremity, e.g.

这儿的风景美极了。

这幅画我喜欢极了。

2. 是吗

"是吗"可看作"是这样的吗"的简略形式，常用于口语。如：

是吗 may be regarded as the short form of the expression 是这样的吗. It is commonly used in spoken language, e.g.

(1) A: 前面就是七星岩了。

B: 是吗? 这么快就到了。

(2) 听说可以乘船游览岩洞，是吗?

四、练 习 Exercises

(一) 替换与扩展:

Substitution and expansion drills:

A: 1. 前面就是<u>七星岩</u>了。　　外文书店

东方宾馆

沙河饭店

溜冰场

足球场

2. 我们就在这儿照<u>几张相</u>吧。　吃饭

乘船

锻炼身体

打电话

兑换外币

寄信

买东西

坐公共汽车

3. 听说<u>可以乘船游览岩洞</u>,是吗?　沙河粉很好吃

寄往北京的信

贴八分邮票

七星岩很美

4. 金山<u>打网球</u>打得很好。　　写汉字　写

说汉语　说

B: 例: Example:　　　　　　美

真美

风景真美。

这儿的风景真美。

(1) 好　(同学)

(2) 安静 (四周)

(3) 舒服 (房间)

(二) 根据课文回答问题:

Answer the questions:

1. 七星岩风景美吗?

2. 七星岩的七座山象什么?

3. 七星岩四周的湖叫什么湖?

4. 你有没有乘船游览岩洞?

(三) 对话:

Dialogue:

A: 昨天你们到哪儿去游览了?

B: 到七星岩去了。

A: 那儿的风景美吗?

B: 美极了。那儿的七座山,象天上的北斗七星。

A: 怪不得人们叫它七星岩了。

B: 那儿绿水青山,风景真美。

A: 听说可以乘船游览岩洞,是吗?

B: 是的。

A: 你在那儿照相了吗?

B: 照了好几张呢。

A: 那我下星期日也去游七星岩。

(四) 熟读下列句子:

Read the following sentences until fluent:

瞧,前面就是七星岩了。

绿水青山,风景美极了。

这七座山象天上的北斗七星吗?

七星岩四周的湖就是星湖。

我们就在这儿照几张相。

你真象个导游。

听说可以乘船游览岩洞,是吗?

那我们就快去乘船吧。

(五) 用下面词语说一段话:

Have a brief talk using the following words:

游览　　星期日　　七星岩　　绿水青山　　美　　真

我们　　照相　　还

(六) 短文阅读:

Passage reading:

　　这天一早，我们就坐上汽车去游七星岩。没多久，我们就来到了七星岩。

　　七星岩的风景美极了。导游说:"这七座山就象天的北斗七星，四周的湖叫星湖。"他还说，我们可以乘船游览岩洞。我们真的去游览了，还在那儿照了好几张相。

　　下午，我们就乘车回学校了。

第十九课 在 生 日 宴 会 上

Dì-Shíjiǔ Kè   Zài Shēngrì Yànhuì Shang

Lesson 19 At a Birthday Party

一、课 文 Text

A: 这么多朋友来参加我的生日宴会，我真高兴，我提议为
我们的友谊干杯!

Zhème duō péngyou lái cānjiā wǒ de shēngrì yànhuì, wǒ zhēn
gāoxìng. Wǒ tíyì wèi wǒmen de yǒuyì gānbēi!

I am very glad to have so many friends present at my birthday
party. I propose that we'll first cheer for our friendship.

众: 干杯!

Gānbēi!

Cheers.

B: 今天是为您祝寿，敬您一杯，祝您生日快乐!

Jīntiān shì wèi nín zhùshòu, jìng ní yì bēi, zhù nín shēngrì
kuàilè!

We're here in honour of your birthday today. I toast to your
happy birthday.

A: 谢谢!

Xièxie!

Thanks.

C: 祝您健康。

Zhù nín jiànkāng.

Wish you the best of health!

D: 祝您幸福!

Zhù nín xìngfú.

Wish you happiness!

A: 谢谢各位。大家请吃菜。

Xièxie gèwèi. Dàjiā qǐng chī cài.

Thank you! Thank every body! Please help yourselves.

B: 好的,好的。

Hǎode, hǎode.

O.K.

A: 这是长寿面，请吧。

Zhè shì chángshòumiàn, qǐng ba.

This is longevity noodles. Would you please have a taste?

E: 祝您长寿!

Zhù nín chángshòu!

Wish you a long life!

C: 再喝杯酒吧。

Zài hē bēi jiǔ ba.

Here have another cup of drink.

D: 再喝我就要醉了。

Zài hē wǒ jiù yào zuì le.

If I drink any more, I will be drunk.

A: 请大家尝尝生日蛋糕吧。这是我叔叔特地为我定做的。

Qǐng dàjiā chángchang shēngrì dàngāo ba. Zhè shì wǒ shūshu tèdì wèi wǒ dìng zuò de.

Please have a taste of the birthday cake. It has been especially ordered by my uncle.

B: 这是我们送给您的生日礼物，请收下。

Zhè shì wǒmen sòng gěi nín de shēngrì lǐwù, qǐng shōuxià.

Here are our gifts for your birthday. Please accept them.

A: 谢谢。宴会后还有舞会，请大家参加。

Xièxie. Yànhuì hòu hái yǒu wǔhuì, qǐng dàjiā cānjiā.

Thank you. There will be a dance after the dinner. Will you please join us?

二、生词和短语　New Words and Expressions

1.	生日	(名) shēngrì	birthday
2.	宴会	(名) yànhuì	dinner party, banquet
3.	朋友	(名) péngyou	friend
4.	参加	(动) cānjiā	to take part in, to join
5.	提议	(动) tíyì	to propose
6.	为	(介) wèi	for

7.	友谊	(名)	yǒuyì	friendship
8.	干杯		gānbēi	to cheer, to drink a toast
9.	祝寿		zhùshòu	to congratulate sb. on his birthday
10.	敬	(动)	jìng	to respect, to offer (sth.) respectfully
11.	杯	(量)	bēi	cup
12.	祝	(动)	zhù	to wish
13.	快乐	(形)	kuàilè	happy
14.	健康	(形)	jiànkāng	healthy; helth
15.	幸福	(形)	xìngfú	happy
16.	各位		gèwèi	everyboday
17.	长寿面	(名)	chángshòumiàn	longevity noodles
18.	长寿	(形)	chángshòu	long life
19.	醉	(动)	zuì	to be drunk
20.	尝	(动)	cháng	to taste
21.	蛋糕	(名)	dàngāo	cake
22.	特地	(副)	dèdì	especially
23.	定做		dìngzuò	to order, to be made
24.	送	(动)	sòng	to present, to send
25.	礼物	(名)	lǐwù	gift
26.	收下	(动)	shōuxià	to accept
27.	舞会	(名)	wǔhuì	ball, dancing party

三、 注 释 Note

祝您生日快乐

"祝"表示良好的祝愿。"祝"后边的宾语是后一个句子的主语。"祝"前边的主语常常省略。如:

祝 is used to express good wishes. The object right after it is the subject of the latter clause. The subject which goes in front of 祝 is often omitted, e.g.

祝您幸福!

祝大家学习好、身体好、工作好。

四、 练 习 Exercises

(一) 替换练习:

Substitution drills:

1. 我提议为我们的友谊干杯。　　先去打网球

去南方大厦买东西

为金山的健康干杯

先尝尝生日蛋糕

2. 祝您健康!　　幸福

长寿

3. 请吃菜。　　喝茶

尝尝蛋糕

4. 这蛋糕是我叔叔特地为我做的。

这件衣服	妈妈	做
这本书	老师	买
这啤酒	金山	买

(二) 熟读下列词组:

Read the following word-groups and expressions until fluent:

很高兴	很健康	很幸福	很客气
很多	很好	很大	很小
很快	很少	很远	很麻烦

很美	很干净	很安静	很要好
很好看	很有礼貌	很喜欢	很对不起
很不好	很不舒服	很头疼	很久
很早	很忙		

(三) 仿照下列例句回答问题:

Answer the questions after the example:

例: Example:　你去过英国吗?

　　　　　　　a) 去过,我以前去过英国。

　　　　　　　b) 没有,我没有去过英国。

1. 你参加过宴会吗?

2. 你吃过长寿面吗?

3. 你参加过舞会吗?

(四) 对话:

Dialogue:

A: 这么多朋友来参加我的生日宴会,我真高兴,我提议为我们的友谊干杯!

众: 干杯!

张老师: 今天是为你祝寿,敬你一杯,祝你幸福!

潘国强: 祝你生日快乐!

金山: 祝你健康!

A: 谢谢各位! 大家请吃菜。

B: 好的, 好的!

A: 这是长寿面, 请吧。

C: 再喝点儿啤酒吧!

D: 不, 我想喝点儿汽水。

A: 请大家尝尝生日蛋糕吧。这是我姨妈特地为我定做的。

A: 谢谢。宴会后还有舞会,请大家参加。

(五) 用以下词语说一段话:

Say something in a short passage using the following words:

祝　　　你　　　快乐　　生日　　多　　朋友
参加　　高兴　　谢谢

(六) 短文阅读:

Passage reading:

今天晚上，我去参加小张的生日宴会。在宴会上有一个很大的生日蛋糕，还有酒有菜。

宴会开始了，我们先给小张敬酒，祝他生日快乐、幸福、健康、长寿。小张叫我们吃菜，不要客气。我吃了菜和寿面，喝了一杯酒。小张要我们尝尝生日蛋糕，说是姑姑特地为他定做的。吃了蛋糕，我们送上生日礼物。宴会后，还有舞会。我有事先走了，没有参加舞会。

第二十课 游览广州

Dì-Èrshí Kè　Yóulǎn Guǎngzhōu

Lesson 20 Sightseeing in Guangzhou

一、课　文　Text

A: 今天我们去哪儿？

　　Jīntiān wǒmen qù nǎr?

　　Where are we going today?

B: 游览市容，好吗？

　　Yóulǎn shìróng, hǎo ma?

　　How about going sightseeing in the city?

—132—

A: 好。这就走吧。

　Hǎo. Zhè jiù zǒu ba.

　Fine. Let's go right now.

B: 广州又叫羊城，你知道吗？

　Guǎngzhōu yòu jiào Yáng Chéng, nǐ zhīdao ma?

　Do you know Guangzhou is also called "City of Rams"?

A: 听说过。可就是不知道为什么这样叫。

　Tīngshuōguo. Kě jiùshì bù zhīdao wèi shénme zhèyàng jiào.

　Yes. But I don't know why it is called like this.

B: 传说古代有五个仙人，他们骑着五头羊来到这里，把一束稻穗送给这里的人，祝愿他们幸福。从此，人们就把这里叫做羊城了。

　Chuánshuō gǔdài yǒu wǔ ge xiānrén, tāmen qízhe wǔ tóu
　yáng láidào zhèlǐ, bǎ yí shù dàosuì sònggěi zhèlǐ de rén,
　zhùyuàn tāmen xìngfú. Cóngcǐ, rénmen jiù bǎ zhèlǐ jiàozuò
　Yáng Chéng le.

　**Legend says that in ancient times there were five immortals.
　They rode here on five rams and presented an ear of rice to the
　people here, wishing them happiness. From then on, people be-
　gan to call the city "City of Rams".**

A: 是啊! 越秀公园里就有一座五羊石雕。广州好玩的地方不少吧？你去过哪些地方？

　Shì a! Yuèxiù Gōngyuán li jiù yǒu yí zuò wǔ yáng shídiāo.
　Guǎngzhōu hǎo wán de dìfang bù shǎo ba? Nǐ qùguo nǎxiē
　dìfang?

　**Right! There is a stone sculpture of five rams in Yuexiu Park.
　There are a lot of interesting places in Guangzhou, aren't there?
　Where have you visited?**

B: 我去过越秀公园、白云山、黄花岗、广州动物园、华南植物园、中山纪念堂、六榕寺……

Wǒ qùguo Yuèxiù Gōngyuán, Báiyún Shān, Huánghuā Gǎng, Guǎngzhōu Dòngwùyuán, Huánán Zhíwùyuán, Zhōngshān Jìniàntáng, Liùróng Sì...

I've been to Yuexiu Park, White Cloud Mountain, Huanghuagang Park,Guangzhou Zoo, South China Botanical Gardens, Sun Yat-sen Memorial Hall, the Temple of Six-Banyan Trees and...

A: 你去过的地方真不少，让你当导游准行。

Nǐ qùguo de dìfang zhēn bù shǎo, ràng nǐ dāng dǎoyóu zhǔn xíng.

You have been to quite a few places, so you are the right person to be our guide.

B: 哪里，哪里。广州地方大，名胜古迹很多。没有十天半月,那是走不完的。

Nǎli, nǎli. Guǎngzhōu dìfang dà, míngshèng gǔjì hěn duō. Méiyǒu shí tiān bàn yuè, nà shì zǒu bù wán de.

Thanks. Guangzhou is so big and has many scenic spots and historical sites. It is impossible for you to see the whole city without 10 or 15 days.

A: 你看，街上热闹极了。

Nǐ kàn, jiēshang rènao jí le.

Look! How busy the streets are!

B: 今天是星期天，人特别多。

Jīntiān shì xīngqītiān, rén tèbié duō.

Today is Sunday, so it's very crowded.

A: 这里是中山五路，商店可多呢。有百货商店、服装店、水果店，还有照相馆、电影院、饭馆……

Zhèlǐ shì Zhōngshān Wǔ Lù, shāngdiàn kě duō ne. Yǒu bǎihuò

shāngdiàn, fúzhuāngdiàn, shuǐguǒdiàn, hái yǒu zhàoxiàngguǎn, diànyǐngyuàn, fànguǎn ...

Here is Zhongshan Fifth Road. There are many shops here, such as department stores, clothes shops, fruit shops, photo studios, cinemas and restaurants, and so on.

B: 我们已经来到珠江边了。你看，前面就是海珠桥。

Wǒmen yǐjīng láidào Zhūjiāng biān le. Nǐ kàn, qiánmiàn jiù shì Hǎizhū Qiáo.

We are on the bank of the Pearl River. Look ahead, that's the Pearl River Bridge.

A: 哦，对了，附近是华侨大厦。刚到广州的时候，我就住在那里。前天晚上，我还乘船游珠江呢。珠江两岸，灯火辉煌，景色非常迷人。

O, duì le, fùjìn shì Huáqiáo Dàshà. Gāng dào Guǎngzhōu de shíhou, wǒ jiù zhù zài nàli. Qiántiān wǎnshang, wǒ hái chéng chuán yóu Zhū Jiāng ne. Zhū Jiāng liǎng àn, dēnghuǒ huīhuáng, jǐngsè fēicháng mírén.

Oh, that's right. The Overseas Chinese Mansion is nearby. I stayed there when I first came to Guangzhou. I had a night cruise on the Pearl River the night before last. On both banks of the river, the high buildings were ablaze with lights. The scenery is really charming.

B: 听我叔叔说，近两年来，广州的变化很大，高楼大厦越来越多了。

Tīng wǒ shūshu shuō, jìn liǎng nián lái, Guǎngzhōu de biànhuà hěndà. Gāo lóu dàshà yuèláiyuè duō le.

According to my uncle, great changes have taken place in Guangzhou in the last two years. More and more tall buildings have been built.

A: 是啊。正在扩建的马路不少，马路两旁，种了许多树木花草。

Shì a. Zhèngzài kuòjiàn de mǎlù bù shǎo, mǎlù liǎng páng zhòngle xǔduō shùmù huācǎo.

Yew. There are many roads under expansion. Many flowers and grass have been planted on both sides.

B: 广州是中国的南大门，中国出口商品交易会每年都在这里举行。

Guǎngzhōu shì Zhōngguó de nán dàmén, Zhōngguó Chūkǒu Shāngpǐn jiāoyìhuì měi nián dōu zài zhèlǐ jǔxíng.

Guangzhou is the southern gate of China. The China Export Commodities Fair is hold here every year.

A: 快十二点了。到东方宾馆去吃饭吧。

Kuài shí'èr diǎn le. Dào Dōngfāng Bīnguǎn qù chīfàn ba.

It's nearly twelve o'clock. Let's go to have lunch in Dongfang Hotel.

B: 好的。下午到南方大厦逛逛。

Hǎode. Xiàwǔ dào Nánfāng Dàshà guàngguang.

OK. We'll go to Nanfang Building this afternoon.

二、生词和短语　New Words and Expressions

1.	游览	(动) yóulǎn	to go sightseeing, to tour, to visit
2.	市容	(名) shìróng	the appearance of a city
3.	为什么	wèi shénme	why, what for
4.	传说	(动) chuánshuō	according to legend
5.	古代	(名) gǔdài	ancient times

6.	仙人	(名)	xiānrén	immortal, celestial being
7.	骑	(动)	qí	to ride
8.	头	(量)	tóu	(a measure word)
9.	羊	(名)	yáng	ram, goat, sheep
10.	束	(量)	shù	(a measrue word) bunch
11.	稻穗	(名)	dàosuì	the ear of grain
12.	祝愿	(动)	zhùyuàn	to wish
13.	从此	(名)	cóngcǐ	from then on, from now on
14.	石雕	(名)	shídiāo	stone carving
15.	好玩		hǎo wánr	interesting, amusing
16.	哪些	(代)	nǎxiē	which
17.	地方	(名)	dìfang	place
18.	少	(形)	shǎo	few, little
19.	当	(动)	dāng	to regard as, to take as
20.	准	(副)	zhǔn	exactly, certainly, definitely
21.	哪里	(代)	nǎli	where
22.	名胜古迹		mínshèng gǔjī	scenic spot and historical site
23.	街	(名)	jiē	street
24.	热闹	(形)	rènao	busy, bustling
25.	特别	(副)	tèbié	specially
26.	这里	(代)	zhèlǐ	here
27.	商店	(名)	shāngdiàn	shop, store
28.	百货	(名)	bǎihuò	kinds of goods
	(百货商店)		(bǎihuò shāngdiàn)	(department store)
29.	服装店	(名)	fúzhuāngdiàn	clothes shop

30.	水果店	（名）	shuǐguǒdiàn	fruit shop
31.	照相馆	（名）	zhàoxiàngguǎn	photo studio
32.	电影院	（名）	diànyǐngyuàn	cinema
33.	已经	（副）	yǐjīng	already
34.	边	（名）	biān	side
35.	哦	（叹）	ò	(an interjection)
36.	附近	（名）	fùjìn	nearby, neighbouring
37.	那里	（代）	nàli	there
38.	前天	（名）	qiántiān	the day before yesterday
39.	晚上	（名）	wǎnshang	(in the) evening, (at) night
40.	游	（动）	yóu	to cruise
41.	两岸		liǎng àn	both sides (of a river)
42.	灯火辉煌		dēnghuǒ huīhuáng	ablaze with lights
43.	景色	（名）	jǐngsè	scenery, landscape
44.	非常	（副）	fēicháng	very, really
45.	迷人	（形）	mírén	charming, attractive
46.	近	（形）	jìn	recent; near
47.	变化	（名）	biànhuà	change
48.	高楼大厦		gāo lóu dàshà	high buildings and large mansions
49.	越来越……		yuèláiyuè	more and more
50.	扩建		kuòjiàn	to enlarge; expansion
51.	两旁		liǎng páng	both sides
52.	许多	（数）	xǔduō	many, much, a lot of
53.	树木	（名）	shùmù	tree
54.	花草	（名）	huācǎo	flower and grass

55. 南大门	(名) nán dàmén	southern gate
56. 年	(名) nián	year
57. 举行	(动) jǔxíng	to hold

专 名 Proper Names

1.	羊城	Yáng Chéng	City of Rams
2.	越秀公园	Yuèxiù Gōngyuán	Yuexiu Park
3.	白云山	Báiyún Shān	White Cloud Mountain
4.	黄花岗	Huánghuā Gǎng	Huanghuagang Park
5.	广州动物园	Guǎngzhōu Dòngwùyuán	Guangzhou Zoo
6.	华南植物园	huánán zhíwùyuán	South China Botanical Gardens
7.	中山纪念堂	Zhōngshān Jìniàn Táng	Sun Yat-sen Memorial Hall
8.	六榕寺	Liùróng Sì	Temple of Six-Banyan Trees
9.	中山五路	Zhōngshān Wǔ Lù	Zhongshan Fifth Road
10.	珠江	Zhū Jiāng	Pearl River
11.	海珠桥	Hǎizhū Qiáo	Pearl River Bridge
12.	中国出口商品交易会	Zhōngguó Chūkǒu Shāngpǐn Jiāoyì Huì	China Export Commodities Fair

三、 注 释 Notes

1. 哪里

"哪里"是一种谦虚的说法，受到对方的称赞时常用。有时也可用重叠的方式说"哪里，哪里"，意思是"你说的不是事实"。如：

哪里 is a kind of polite and modest response made by someone who is being praised. Sometimes it can be used in its reduplicated form 哪里, 哪里, meaning "what you have said is not true", e.g.

    1) 让你当导游准行。

        哪里，哪里。

    2) 你的中国话说得真好。

        哪里，还差得远呢。

2. 越来越……

    "越来越……"表示程度随着时间推移而增加。如：

越来越… indicates that degree increases as time goes on, e.g.

    高楼大厦越来越多了。

    这里的景色越来越美了。

四、 练 习 Exercises

(一) 替换练习：

Substitution drills:

1. <u>商店</u>可<u>多</u>呢。

沙河粉	好吃
广州	大
七星岩	美
景色	迷人
高楼大厦	多
好玩的地方	不少
我去过的地方	多
名胜古迹	多
街上	热闹

2. <u>高楼大厦</u>越来越<u>多</u>了。

人	多
景色	美

妹妹　　　　　高
你做的菜　　　好吃
头　　　　　　痛

(二) 朗读下列句子:

Read the following sentences:

1. 广州又叫羊城,你知道吗?

2. 越秀公园有一座五羊石雕。

3. 广州地方大,名胜古迹多。

4. 珠江两岸,灯火辉煌,景色非常迷人。

5. 广州是中国的南大门。

(三) 根据课文回答问题:

Answer the questions according to the text:

1. 广州为什么叫羊城?

2. 你在广州游览过哪些地方?

3. 你(乘船)夜(yè)游过珠江吗? 晚上,珠江两岸景色怎么样?

4. 中国出口商品交易会每年都在广州举行吗?

(四) 对话:

Dialogue:

国　强:　金山,我们去游览市容怎么样?

金　山:　好啊! 我们请张老师带我们去吧。

张老师:　好的,现在就去。

金　山:　张老师,广州为什么叫羊城?

张老师:　传说古代有五个仙人,他们骑着五头羊来到这里,
　　　　　把一束稻穗送给这里的人,祝愿他们幸福。从此,
　　　　　人们就把这里叫做羊城了。

国　强:　是啊! 越秀公园里就有一座五羊石雕。广州好玩的
　　　　　地方不少吧?

张老师:　不少。有越秀公园、白云山、黄花岗、广州动物
　　　　　园、华南植物园、中山纪念堂、六榕寺……

金　山：	你看，街上到处都是人，热闹极了。
张老师：	这里是中山五路，商店可多呢。我们已经来到珠江边了。夜游珠江可有意思呢。
国　强：	听我叔叔说，广州是中国的南大门，中国出口商品交易会每年都要在这里举行。
张老师：	是啊!
金　山：	快十二点了，我们到南方大厦逛逛吧。

(五) 短文阅读:

Passage reading:

广　州

　　广州是中国的南大门，中国出口商品交易会每年都在这里举行。广州又叫羊城。传说古代有五个仙人，骑着五头羊来到这座城，把一束稻穗送给这里的人，祝愿他们幸福。从此，人们就把这里叫做羊城了。

　　广州是个美丽的城市。有越秀公园、白云山、黄花岗、广州动物园、华南植物园、中山纪念堂、六榕寺等，游览的地方可多了。星期天，街上人特别多，热闹极了。晚上，珠江两岸，灯火辉煌，景色非常迷人。近两年来，广州的变化很大，高楼大厦越来越多。正在扩建的马路不少。马路两旁，种了许多树木花草，非常好看。广州正英姿焕发(yīngzī huànfā)，迎接(yíngjiē)美好的明天。

第二十一课　看地图

Lesson 21 Studying the Map

一、课　文　Text

A: 你看，中国真大啊！

Nǐ kàn, Zhōngguó zhēn dà a!

Look, how vast China is!

B: 是啊。

Shì a.

Yes.

—143—

A: 你的祖籍在哪儿?

Nǐ de zǔjí zài nǎr?

Where did your ancestors come from?

B: 广东台山县。

Guǎngdōng Táishān Xiàn.

From Taishan County, Guangdong Province.

A: 哦, 这么说, 我们还是同乡呢。你回过台山了吗?

O, Zhème shuō, wǒmen háishì tóngxiāng ne. Nǐ huíguo Táishān le ma?

Oh, so then we are fellow countymen. Have you ever been to Taishan County?

B: 回过, 还住了一个星期。亲戚朋友还建议我去祖国各地旅游呢。

Huíguo, hái zhùle yí ge xīngqī. Qīnqi péngyou hái jiànyì wǒ qù zǔguó gèdì lǚyóu ne.

Yes, I have. I stayed there for a week. My relatives and friends also suggested that I visit all parts of the motherland.

A: 好。这样可以更好地了解中国。

Hǎo. Zhèyàng kěyǐ gèng hǎode liǎojiě Zhōngguó.

Good. You can better understand China this way.

B: 中国面积有 960 万平方公里呢!

Zhōngguó miànjì yǒu jiǔbǎi liùshí wàn píngfāng gōnglǐ ne!

The total territory of China is 9.6 million square kilometers!

A: 是的。中国是世界上面积最大的国家之一。南北长 5500 公里, 东西长 5200 公里。如果沿着中国的陆界走一圈, 每天走 30 公里, 你得走两年多。

Shìde. Zhōngguó shì shìjiè shang miànjì zuì dà de guójiā zhī yī. Nán běi cháng wǔqiān wǔbǎi gōnglǐ, dōng xī cháng wǔqiān èrbǎi gōnglǐ. Rúguǒ yánzhe Zhōngguó de lùjiè zǒu yì quān, měi tiān zǒu sānshí gōnglǐ, nǐ děi zǒu liǎng nián duō.

Yes. China is one of the largest countries in the world, with about 5,500 kilometres from North to South, and about 5200 kilometres from East to West. If you were to walk along the inland borders of China, covering thirty kilometres each day, it'll take you more than two years.

B: 哎呀，中国真大啊！

Aiyā, Zhōngguó zhēn dà a!

Oh, China is really a big country!

A: 中国面积很大，高山大河不少，游览胜地也很多呢。

Zhōngguó miànjī hěn dà, gāoshān dà hé bù shǎo, yóulǎn shèngdì yě hěnduō ne.

The area of China is very vast, there are a lot of high mountains, great rivers and tourist spots.

B: 对啊，你看，这是世界第一高峰珠穆朗玛峰，这是著名的长江、黄河。

Duì a, nǐ kàn, zhè shì shìjiè dìyī gāofēng Zhūmùlǎngmǎ Fēng, zhè shì zhùmíngde Cháng Jiāng, Huáng Hé.

Yes, Look! This is Mount Qomolangma, the highest in the world. These are the famous Yangtze River and Yellow River.

A: 如果你有兴趣的话，可以去登泰山、嵩山，游览长江三峡，还可以到桂林、杭州旅游。

Rúguǒ nǐ yǒu xìngqù de huà, kěyǐ qù dēng Tài Shān, Sōng Shān, yóulǎn Cháng Jiāng Sānxiá, hái kěyǐ dào Guìlín, Hángzhōu lǚyóu.

If you like, you can climb the Taishan Mountain and Songshan Mountain, go to the Three Gorges at the Yangtze River, Guilin and Hangzhou for sightseeing.

B: 这些都是游客向往的地方。

Zhèxiē dōu shì yóukè xiàngwǎng de dìfang.

These are the places that tourists yearn for.

A: 还有呢，中国是一个文明古国，有五千年历史，古迹不
少。首都北京就有故宫、天坛、北海公园、颐和园、十
三陵等等。在西安、洛阳也有许多名胜古迹。

Hái yǒu ne, Zhōngguó shì yí ge wénmíng gǔguó, yǒu wǔqiān
nián lìshǐ, gǔjì bù shǎo. Shǒudū Běijīng jiù yǒu Gùgōng,
Tiāntán, Běihǎi Gōngyuán, Yíhéyuán, Shísānlíng děngděng.
Zài Xī'ān, Luòyáng yě yǒu xǔduō míngshèng gǔjì.

And, as a country with a civilization and a history of 5,000
years, China has many historical sites. In Beijing alone there are
the Forbidden City, the Temple of Heaven, the Beihai Park, the
Summer Palace, and the Ming Tombs, etc. There are also a lot
of scenic spots and historical sites in Xi'an and Luoyang.

B: 我们到这些地方去游览，收获一定不少。

Wǒmen dào zhèxiē dìfang qù yóulǎn, shōuhuò yídìng bù shǎo.

We can learn a lot visiting these places.

A: 中国是一个有十一亿人口的国家，很多侨胞居住在世界
各地，祖籍在广东、福建的最多。有机会到这些地方去
旅游，也是十分有意思的。

Zhōngguó shì yí ge yǒu shíyīyì rénkǒu de guójiā, hěn duō
qiáobāo jūzhù zài shìjiè gèdì, zǔjí zài Guǎngdōng, Fújiàn de
zuì duō. Yǒu jīhuì dào zhèxiē dìfang qù lǚyóu, yěshì shífēn yǒu
yìsi de.

China is a country with a population of more than one billion.
There is a large number of overseas Chinese residing in all parts
of the world, and most of them are from Guangdong and Fujian
Provinces. It's a great pleasure to visit these places if you have
an opportunity.

二、生词和短语 New Words and Expressions

1.	地图	(名) dìtú	map
2.	同乡	(名) tóngxiāng	fellow villager, townsman, countyman
3.	祖国	(名) zǔguó	motherland
4.	各地	gèdì	all parts (of a country, the world)
5.	旅游	(动) lǚyóu	to tour, to visit
6.	更	(副) gèng	more, stil more
7.	地	(助) de	(a structural particle)
8.	了解	(动) liǎojiě	to understand
9.	面积	(名) miànjī	area
10.	万	(数) wàn	ten thousand
11.	平方	(名) píngfāng	square
12.	世界	(名) shìjiè	world
13.	最	(副) zuì	of the highest degree
14.	国家	(名) guójiā	country
15.	……之一	……zhī yī	one of...
16.	南	(名) nán	south
17.	北	(名) běi	north
18.	长	(形) cháng	long
19.	东	(名) dōng	east
20.	西	(名) xī	west
21.	如果	(连) rúguǒ	if
22.	沿	(介) yán	along
23.	陆界	(名) lùjiè	boundary on land

24.	圈	(量)	quān	round, circle, ring
25.	高山大河		gāo shān dà hé	high mountains and great rivers
26.	胜地	(名)	shèngdì	resort
27.	第一	(数)	dìyī	first
28.	高峰		gāo fēng	high peak
29.	著名	(形)	zhùmíng	famous, well-known
30.	兴趣	(名)	xìngqù	interest; interesting
31.	登	(动)	dēng	to climb
32.	游客	(名)	yóukè	tourist
33.	向往	(动)	xiàngwǎng	to yearn for
34.	文明古国		wénmíng gǔguó	a country with a long history and civilization
35.	历史	(名)	lìshǐ	history
36.	首都	(名)	shǒudū	capital
37.	等等	(助)	děngděng	and so on, etc.
38.	这些	(代)	zhèxiē	these
39.	收获	(名)	shōuhuò	harvest, gain
40.	亿	(数)	yì	one hundred million
	(十一亿)		shíyīyì	(1.1 billion)
41.	人口	(名)	rénkǒu	population
42.	侨胞	(名)	qiáobāo	compatriot residing abroad
43.	居住	(动)	jūzhù	to reside, to live
44.	机会	(名)	jīhuì	chance, opportunity
45.	十分	(副)	shífēn	very, pretty
46.	有意思		yǒu yìsi	interesting, pleasure

专 名 Proper Names

1.	珠穆朗玛峰	Zhūmùlǎngmǎ Fēng	Mount Qomolangma
2.	长江	Cháng Jiāng	Yangtze River
3.	黄河	Huáng Hé	Yellow River
4.	泰山	Tài Shān	Taishan Mountain
5.	嵩山	Sōng Sān	Songshan Mountain
6.	三峡	Sānxiá	Three Gorges
7.	桂林	Guìlín	Guilin (City)
8.	杭州	Hángzhōu	Hangzhou (City)
9.	故宫	Gùgōng	Forbidden City
10.	天坛	Tiāntán	Temple of Heaven
11.	北海	Běihǎi	Beihai Park
12.	颐和园	Yíhéyuán	Summer Palace
13.	十三陵	Shísānlíng	Ming Tombs
14.	西安	Xī'an	Xi'an (City)
15.	洛阳	Luòyáng	Luoyang (City)
16.	福建	Fújiàn	Fujian Province

三、 注 释 Notes

如果……（的话），就……

"如果"表示假设，在口语中，常用"的话"与它搭配，表示假设语气。"就"表示承接上文，得出结论，有时也可用"可以"代替"就"。如：

如果 indicates supposition or hypothesis. In spoken language,

的话 is often used at the end of the "如果···" clause to show a sup-position. 就 or sometimes 可以 is used to help draw a conclusion from the preceding clause, e.g.

如果沿着中国的边界走一圈, 每天走 30 公里(的话), 你就得走两年多。

如果你有兴趣的话, 可以去登泰山。

如果你太忙, 明天就不要来看我了。

四、 练 习   Exercises

(一) 替换练习:
Substitution drills:

1. 你的祖籍在哪儿?

	他
	你弟弟
	七星岩
	越秀公园
	东方宾馆
	国强
	金山

2. 你回过台山了吗?

	吃饭
	买龙井茶
	买书
	到过东方宾馆
	到过北京
	看病

3. 收获一定不少。

	你的朋友	不少
	你做的菜	好吃
	我	来
	他	去

(二) **熟读下列短语:**

Read the following phrases until fluent:

真大	真好	真美	真高	真健康
真幸福	真客气	真少	真多	真有点儿象
真远	真快	真饿了	真头疼	真有礼貌
这么大	这么好	这么美	这么健康	这么客气
这么象	这么多	这么少	这么远	这么早
这么快				

(三) **仿照下列例子提问和回答问题:**

Ask and answer questions after the following example:

例: Example: 人／多

人多吗?

人不少。

1. 高山大河／多
2. 游览胜地／多
3. 古迹／多
4. 收获／大
5. 侨胞／多

(四) **对话:**

Dialogue:

A: 中国大吗?

B: 中国是世界上面积最大的国家之一, 有960万平方公里, 南北长 5500 公里, 东西长 5200 公里。

A: 哎呀, 中国真大呀!

B: 你的祖籍在哪儿?

A: 在广东省台山县。

B: 你回过台山了吗?

A: 回过, 在那里住了一个星期。亲戚朋友还建议我去祖国各地旅游呢。

B: 中国面积很大，高山大河不少，游览胜地一定很多吧?

A: 是的。珠穆朗玛峰是世界第一高峰。长江、黄河是中国最大的两条河，中国的名胜古迹多得很。

B: 我们到这些地方去游览，收获一定不少。

(五) 短文阅读:

Passage reading:

中 国

中国是世界上面积最大的国家之一，有 960 万平方公里。南北长 5500 公里，东西长 5200 公里。如果沿着中国的陆界走一圈，每天走 30 公里，你就得走两年多。中国高山大河不少。珠穆朗玛峰是世界第一高峰，长江和黄河是中国最大的两条河。

中国是一个有五千年文明历史的国家，古迹不少。首都北京就有故宫、天坛、北海、颐和园、十三陵等等。在西安、洛阳也有许多名胜古迹。

中国有十亿人口，是世界上人口最多的国家。有很多侨胞居住在世界各地，祖籍在广东、福建的最多。

中国是发展(fāzhǎn)中的国家。为把自己的国家建设成一个现代化(xiàndàihuà)的社会主义(shèhuì zhǔyì)国家，中国人民正在努力(nǔlì)工作。

第二十二课　乘飞机

Dì-Èrshí'èr Kè　　Chéng Fēijī

Lesson 22　Aboard an Airplane

一、课　文　Text

A: 你好，国强。没想到会在机场碰到你。

Nǐ hǎo, guóqiáng. Méi xiǎngdào huì zài jīchǎng pèng dào nǐ.

Hello. Guoqiang. I didn't expect to meet you at the airport.

B: 碰到你，我很高兴。你去哪儿？

Pèngdào nǐ, wǒ hěn gāoxìng. Nǐ qù nǎr?

Very glad to meet you. Where are you going?

A: 去北京。你呢？

Qù Běijīng. Nǐ ne?

To Beijing. What about you?

B: 太巧了。我刚买了今天的飞机票，也去北京。

Tài qiǎo le. Wǒ gāng mǎile jīntiān de fēijīpiào, yě qù Běijīng.

Wonderful! I'm also going to Beijing. I just bought a plane ticket for today.

A: 为什么这么匆忙？飞机票是可以凭护照预先订购的啊。

Wèi shénme zhème cōngmáng? Fēijīpiào shì kěyǐ píng hùzhào yùxiān dìnggòu de a.

Why in such a hurry? You may reserve a ticket by passport.

B: 我是临时决定的。买了票，就坐民航局的专车来了。

Wǒ shì línshí juédìng de. Mǎile piào, jiù zuò mínhángjú de zhuānchē lái le.

I decided to on a whim. Right after I bought the ticket, I came

—153—

here by the CAAC special coach.

A: 离上飞机还有一段时间。我们先去办理登机手续，再到候机室好好聊聊吧。

Lí shàng fēijī háiyǒu yí duàn shíjiān. Wǒmen xiān qù bànlǐ dēng jī shǒuxù, zài dào hòujīshì hǎohǎo liáoliao ba.

There is still time before the plane's take-off. Let's go to check in, and have a nice chat in the waiting-room.

B: 好的。我给北京的亲戚带了一些礼物。我怕行李会超重。

Hǎode. Wǒ gěi Běijīng de qīnqi dàile yìxiē lǐwù. Wǒ pà xíngli huì chāozhòng.

OK. I've brought some gifts for my relatives in Beijing. I'm afraid my luggage may be overweight.

A: 不要紧。托运行李的时候，付超重费就是了。

Bú yàojǐn. Tuōyùn xíngli de shíhou, fù chāozhòngfèi jiù shì le.

It doesn't matter. You only need to pay extra charge when you consign your luggage for shipment.

(在飞机上　Zài fēijī shang　On the plane)

C: 旅客们，这是飞往北京的六三〇四班机。飞机就要起飞了，请大家系好安全带。

Lǚkèmen, zhè shì fēi wǎng Běijīng de liùsānlíngsì bānjī. Fēijī jiù yào qǐfēi le, qǐng dàjiā jì hǎo ānquándài.

Ladies and gentlemen, this is Flight 6304 to Beijing. The plane will take off soon. Please fasten your safety belt.

A: 今天的天气不错。飞行很平稳。

Jīntiān de tiānqì búcuò. Fēixíng hěn píngwěn.

The weather is not bad today. The flight is smooth.

B: 请问现在的飞行高度是多少？

Qǐngwèn xiànzài de fēixíng gāodù shì duōshao?

What is the flying altitude now?

C: 一万米。

　　Yíwàn mǐ.

　　Ten thousand meters.

B: 飞行是不是有点儿不平稳了。

　　Fēixíng shìbushì yǒu diǎnr bù píngwěn le?

　　It's a bit bumpy, isn't it?

A: 看来天气变了。班机怕要晚点了。

　　Kànlái tiānqì biàn le. Bānjī pà yào wǎndiǎn le.

　　It seems that the weather has changed. I'm afraid the flight may
　　be delayed.

B: 我觉得有点不舒服，想呕吐。

　　Wǒ juéde yǒu diǎnr bù shūfu, xiǎng ǒutù.

　　I am a little uncomfortable. I feel like vomiting.

A: 是晕机了。吃点儿药吧。

　　Shì yùnjī le. Chī diǎnr yào ba.

　　You are airsick. Take some medicine.

C: 旅客们，经过两个多小时的飞行，我们就要到达旅途的
　　终点站——北京了。飞机就要降落了，请大家系好安全
　　带。

　　Lǚkèmen, jīngguò liǎng ge duō xiǎoshí de fēixíng, wǒmen jiù
　　yào dàodá lǚtú de zhōngdiǎnzhàn— Běijīng le. Fēijī jiù yào
　　jiàngluò le, qǐng dàjiā jì hǎo ānquándài.

　　Ladies and Gentlemen, after a flight of more than two hours,
　　we're about to arrive at our destination Beijing. The flight will
　　be landing soon. Please fasten your safety belt.

B: 哦! 总算着陆了。

　　O! Zǒngsuàn zhuólù le.

　　Oh, it is landing at last.

二、生词和短语　　New Words and Expressions

1. 飞机　　（名）fēijī　　airplane, plane
2. 机场　　（名）jīchǎng　　airport
3. 碰　　（动）pèng　　to meet
4. 巧　　（形）qiǎo　　opportune, coincidentally
5. 匆忙　　（形）cōngmáng　　in a hurry
6. 凭　　（动）píng　　with, by
7. 订购　　（动）dìnggòu　　to reserve
8. 临时　　（副、形）línshí　　temporarily; on a whim
9. 决定　　（动）juédìng　　to decide
10. 民航局　　（名）mínhángjú　　civil aviation administration
11. 专车　　（名）zhuānchē　　special coach
12. 离　　（动）lí　　from
13. 段　　（量）duàn　　(a measure word)
14. 办理　　（动）bànlǐ　　to go through, to handle
15. 登机　　dēng jī　　to board a plane
16. 手续　　（名）shǒuxù　　procedure, formality
17. 候机室　　（名）hòujīshì　　waiting-room, lounge
18. 聊聊　　（动）liáoliao　　to have a chat
19. 怕　　（动）pà　　to fear, afraid
20. 超重　　（动）chāozhòng　　to overweight
21. 托运　　（动）tuōyùn　　to consign
22. 班机　　（名）bānjī　　flight
23. 起飞　　（动）qǐfēi　　to take off
24. 系　　（动）jì　　to fasten
25. 安全带　　（名）ānquándài　　safety belt

26.	天气	(名)	tiānqì	weather
27.	飞行	(动)	fēixíng	to fly
28.	高度	(名)	gāodù	altitude, height
29.	米	(量)	mǐ	meter
30.	平稳	(形)	píngwěn	smooth
31.	变	(动)	biàn	to change, to turn
32.	晚点		wǎndiǎn	late, behind schedule
33.	觉得	(动)	juéde	to feel
34.	呕吐	(动)	ǒutù	to vomit, to throw up
35.	晕机		yùnjī	airsick
36.	经过	(介、动)	jīngguò	through, to pass through (by)
37.	旅途	(名)	lǚtú	trip, journey
38.	到达	(动)	dàodá	to arrive
39.	终点站	(名)	zhōngdiǎnzhàn	terminus
40.	降落	(动)	jiàngluò	to land, to descend
41.	总算	(副)	zǒngsuàn	at last, finally
42.	着陆	(动)	zhuólù	to land (touch the ground)

三、 注 释 Notes

1. 我是临时决定的

"是……的"在这里只表示一种肯定或强调的语气，一般不用于否定句。如：

here 是…的 only expresses a kind of mood. It can show either affirmation or emphasis. It is not used in a negative sentence, e.g.

有机会到这些地方去看看，也是十分有意思的。

飞机票是可以凭护照预先订购的。

我是昨天到广州的。

2. 要······了

"要······了"常用来表示一个动作或情况很快就要发生。"要"表示将要，"了"是语气助词。"要"的前边还可以加上"就"，构成"就要······了"，表示时间紧迫。如：

要··· 了 is often used to mean that an action is going to take place or something will happen soon. The word 要 implies "to be going to" and 了 is an aspectual particle of mood. The adverb 就 may be placed in front of 要 to form the construction 就要··· 了, indicating that time is short or pressing,e.g.

班机怕要晚点了。

我们就要到北京了。

飞机就要降落了。

汽车要开了。

四、练 习 Exercises

(一) 替换练习:

Substitution drills:

1. 飞机就要起飞了。　　　球赛　　进行

　　　　　　　　　　　　　宴会　　完

　　　　　　　　　　　　　飞机　　着陆

　　　　　　　　　　　　　我们　　到达北京

　　　　　　　　　　　　　车　　　来

　　　　　　　　　　　　　爸爸　　回来

2.　请问, 现在的飞行高度是多少?

　　　　　　　　　　今天几号

　　　　　　　　　　现在几点

到东方宾馆怎么走

在哪儿办理登机手续

托运行李有什么手续

晕机怎么办

3. 飞机票<u>是可以</u>凭护照预先订购<u>的</u>。

我　临时决定去北京

他　昨天上午去北京

我　今天早上到广州

4. <u>看来</u>天气变了。　你身体好多了

行李会超重

你是晕机了

飞机有点儿不平稳了

今天天气不错

你有点儿不舒服

我不能去了

你有点儿不高兴

(二) 朗读下列句子:

Read the following sentences:

金山照了相, 国强也照了相。

国强晕机了, 金山也晕机了。

我给亲戚买了很多礼物, 金山也给亲戚买了很多礼物。

他游览了很多地方, 我也游览了很多地方。

你的行李超重, 我的行李也超重了。

你有很多亲属, 我也有很多亲属。

我昨天不舒服, 今天也不舒服。

你去北京, 我也去北京。

那是飞往北京的班机, 这也是飞往北京的班机。

他打赢了, 我也打赢了。

(三) 回答下列问题:

Answer the following questions:

1. 你去哪儿?　　　　　　　　　　(北京)
2. 可以凭护照预先订购飞机票吗?　(可以)
3. 请问, 离上飞机还有多长时间?　(五十分钟)
4. 请问, 在哪儿办理登机手续?　　(在这儿)
5. 请问, 候机室在哪儿?　　　　　(在那儿)
6. 请问, 行李超重怎么办?　　　　(付超重费就是了)
7. 这班机飞往哪儿?　　　　　　　(广州)

(四) 对话:

Dialogue:

国强:　你好。金山, 没想到在机场碰到你。

金山:　碰到你, 我很高兴。你去哪儿?

国强:　去桂林游览。你呢!

金山:　我去北京, 刚买了今天的飞机票。

国强:　离上飞机还有一段时间, 我们先去办理登机手续, 再到候机室好好聊聊吧。

金山:　好的。

(五) 模仿下列句子造句:

Make sentence after the following example:

例: Example:

去　　沙河饭店　　东方宾馆

　　他去沙河饭店吗?

　　他去不去沙河饭店?

　　他去沙河饭店还是去东方宾馆?

1.　去　北京　　　桂林
2.　买　课本　　　词典
3.　喝　啤酒　　　汽水
4.　坐　公共汽车　出租汽车

(六) 用以下词语说一段话:

Have a brief talk using the following words:

乘　飞机　买票　机场　碰到　国强

金山　北京　高兴　哪儿　上海

(注: note: 上海 Shànghǎi a big city in East China)

(七) 短文阅读:

Passage reading:

　　金山要到北京去，在机场见到国强。国强正巧也去北京。两人先去办理了登机手续，然后坐上飞往北京的六三〇四班机。

　　那天天气不错，飞机飞行很平稳。当飞到一万米高空(gāokōng)时，飞行有点儿不平稳了，金山觉得有点儿不舒服，想呕吐。国强告诉他是晕机了。乘务员给金山吃了药，金山就觉得不晕了。经过两个多小时的长途飞行，飞机终于到达了北京。

第二十三课 谈学习收获

Dì-Èrshísān Kè   Tán Xuéxí Shōuhuò

Lesson 23 Talking About Study Achievements

一、 课 文 Text

A: 夏令班的学习就要结束了。

Xiàlìng bān de xuéxí jiùyào jiéshù le.

Our study in the summer class will end soon.

B: 是啊，时间过得真快，一转眼就四十天了。

Shì a, shíjiān guòde zhēn kuài, yìzhuǎnyǎn jiù sìshí tiān le.

Yes. How time flies. Forty days passed before we realized them.

A: 这次在夏令班学习汉语，收获不小吧？

Zhè cì zài xiàlìng bān xuéxí Hànyǔ, shōuhuò bù xiǎo ba?

You have made much progress in learning Chinese in the summer class, I suppose?

B: 收获很大。

Shuōhuò hěn dà.

It's a most rewarding study.

A: 刚来广州的时候，你连一句中国话都不会说。

Gāng lái Guǎngzhōu de shíhou, nǐ lián yí jù Zhōngguóhuà dōu bú huì shuō.

You couldn't speak even a simple sentence in Chinese when you first came to Guangzhou.

B: 是啊，连听也听不懂，还闹了不少笑话。现在我能听能说一些中国话，还能读一些简短的文章了。我还用中文给家里写了一封信呢。

Shì a, lián tīng yě tīng bù dǒng, hái nàole bù shǎo xiàohua. Xiànzài wǒ néng tīng néng shuō yìxiē Zhōngguóhuà, hái néng dú yìxiē jiǎnduǎn de wénzhāng le. Wǒ hái yòng Zhōngwén gěi jiāli xiěle yì fēng xìn ne.

Yes. I couldn't understand what other people said, and made quite a lot of funny mistakes. Now I'm not only able to understand, but also to speak a little Chinese and to read short articles. I have even written a letter home in Chinese.

A: 你的汉语水平提高得真快。我要好好向你学习。

Nǐ de Hàyǔ shuǐpíng tígāo de zhēn kuài. Wǒ yào hǎohǎo xiàng nǐ xuéxí.

You have made much progress in Chinese. I must learn from you.

B: 哪里，哪里。你的汉语基础比我好，你连汉语广播都听得懂了。我要好好向你学习才对。

Nǎli, nǎli. Nǐ de Hànyǔ jīchǔ bǐ wǒ hǎo, nǐ lián Hànyǔ guǎngbō dōu tīngde dǒng le. Wǒ yào hǎohǎo xiàng nǐ xuéxí cái duì.

Thank you. Your Chinese foundation is better than mine. You can even understand broadcast in Chinese. It's I who should learn from you.

A: 你参观了什么地方？

nǐ cānguānle shénme dìfang?

Where have you visited?

B: 我参观了一些工厂、农村、幼儿园，还游览了很多名胜古迹。你呢？

Wǒ cānguānle yìxiē gōngchǎng, nóngcūn, yòu'éryuán, hái yóulǎnle hěnduō míngshèng gǔjī. Nǐ ne?

I have visited factories, villages, kindergartens, many scenic spots and historical sites. What about you?

A: 我跟父亲在乡下住了一段时间。夏令班结束后，我也准备去游览一些名胜古迹。

Wǒ gēn fùqin zài xiāngxia zhùle yí duàn shíjiān. Xiàlìng bān jiéshù hòu, wǒ yě zhǔnbèi qù yóulǎn yìxiē míngshèng gǔjī.

I went to stay in my home village with my father. When the summer class is over, I'm going to visit some scenic spots and historical sites.

B: 中国是一个有五千年历史的国家，山河壮丽，给我留下了很深刻的印象。

Zhōngguó shì yí ge yǒu wǔqiān nián lìshǐ de guójiā, shānhé

zhuànglì, gěi wǒ liúxiàle hěn shēnkè de yìngxiǎng.

China is a country with a civilized history of 5,000 years, and its magnificent land has left me a very deep impression.

A: 你说得真好。你这次在中国交了不少朋友吧?

Nǐ shuōde zhēn hǎo. Nǐ zhè cì zài Zhōngguó jiāole bù shǎo péngyou ba?

Well said. You've made many friends in China, haven't you?

B: 是的。

Shì de.

Yes.

A: 我也交了不少朋友，还见到了许多亲戚。他们关心我，帮助我，我非常感谢他们。

Wǒ yě jiāole bù shǎo péngyou, hái jiàndàole xǔduō qīnqi. Tāmen guānxīn wǒ, bāngzhù wǒ, wǒ fēicháng gǎnxiè tāmen.

I've not only made a lot of friends, but met many relatives. I'm grateful to them for their care and help.

B: 可他们总是说:"这都是我们应该做的。"我实在太感动了。

Kě tāmen zǒngshì shuō:"Zhè dōu shì wǒmen yīnggāi zuò de." Wǒ shízài tài gǎndòng le.

But they always said:"It's our pleasure." I am really touched.

二、生词和短语　New Words and Expressions

1. 谈　　　（动）tán　　　　　to talk
2. 夏令班　　　xiàlìng bān　　summer class
3. 结束　　（动）jiéshù　　　　to finish, to end, to close
4. 一转眼　　　yìzhuǎnyǎn　　in the twinkling of an eye
5. 连　　　（介）lián　　　　　even

6.	听	(动) tīng	to listen, to hear
7.	懂	(动) dǒng	to understand
8.	闹	(动) nào	to make
9.	笑话	(名) xiàohua	funny mistakes, joke
10.	读	(动) dú	to read
11.	简短	(形) jiǎnduǎn	simple and short
12.	文章	(名) wénzhāng	article
13.	水平	(名) shuǐpíng	level
14.	提高	(动) tígāo	to improve
15.	广播	(动) guǎngbō	broadcast
16.	参观	(动) cānguān	to visit
17.	工厂	(名) gōngchǎng	factory, plant
18.	农村	(名) nóngcūn	countryside, village
19.	幼儿园	(名) yòu'éryuán	nursery, kindergarten
20.	跟	(动) gēn	to be with, to follow
21.	父亲	(名) fùqin	father
22.	乡下	(名) xiāngxia	home village, countryside
23.	后	(名) hòu	after
24.	准备	(动) zhǔnbèi	to be going to, to get ready
25.	山河	(名) shānhé	land, mountains and rivers
26.	壮丽	(形) zhuànglì	magnificent
27.	留下	(动) liúxià	to leave
28.	深刻	(形) shēnkè	deep, profound
29.	印象	(名) yìnxiàng	impression
30.	交	(动) jiāo	to make (friends)
31.	关心	(动) guānxīn	to care
32.	帮助	(动) bāngzhù	to help
33.	感谢	(动) gǎnxiè	to thank, to be grateful

34. 总是	(副) zǒngshì	always
35. 感动	(动) gǎndòng	touching, moving

专 名 **Proper Name**

中国话   Zhōngguóhuà   Chinese (language)

三、注 释 Notes

1. 连…都（也）…

"连"强调某一词或词组，含有"甚至"的意思，下文常和"都"、"也"配合使用。

The construction 连…都（也）… contains the meaning "even" and aims at emphasizing a word or a phrase, e.g.

刚来广州的时候，你连一句中国话都不会说。

他连汉语广播也听得懂了。

2. "吧"（四）

"吧"（四）表示对一件事已经有了估计，但又不能肯定，故用提问的语气要求加以肯定。如:

吧 (4) indicates that someone has already formed an estimate of a thing, and yet not very sure whether it is true. It is used in a question to expect an affirmation, e.g.

广州好玩的地方不少吧?

你身体还好吧?

你这次在广州交了不少朋友吧?

四、练 习 Exercises

(一) 替换练习:

Substitution drills:

1. 他还<u>闹了不少笑话</u>。

　　　　　　　　　　　能读一些简短的文章
　　　　　　　　　　　用中文给家里写了一封信
　　　　　　　　　　　游览了很多名胜古迹
　　　　　　　　　　　参观了一些工厂、农村
　　　　　　　　　　　交了不少朋友
　　　　　　　　　　　见到了许多亲戚

2. 他<u>能听能说一些中国话</u>，还<u>能读一些简短的文章</u>。

　　　会说　　　　　　会写
　　　买书　　　　　　买录音带
　　　参观工厂　　　　参观幼儿园
　　　关心我　　　　　帮助我
　　　见到许多亲戚　　交了许多朋友

3. 他的<u>球</u>打得真<u>好</u>。

　　　你的汉语水平　　提高　　快
　　　他的汉语　　　　说　　　好
　　　他的字　　　　　写　　　快
　　　这里的天气　　　变　　　快

(二) 用"…还…"造句:

Make sentences with the construction …还…:

例: Example:　篮球　　排球　　(会打)
　　　　　　　他会打篮球，还会打排球。

1. 汉语　中文小说　(会说　会看)
2. 工厂　农村　　　(参观)
3. 日本　中国　　　(去过)

(三) 对话:

Dialogue:

—168—

A: 夏令班的学习就要结束了，你的收获一定不少吧?

B: 收获很大。刚来广州的时候，我连一句中国话都不会说。现在我能听能说一些中国话，还能读一些简短的文章了。我还用中文给家里写了一封信呢。

A: 你爸爸看到了一定很高兴。

B: 你参观了什么地方?

A: 我参观了一些工厂、农村、幼儿园，还游览了很多名胜古迹。你呢?

B: 我跟父亲在祖籍台山住了一段时间。

A: 中国是有五千年历史的国家，山河壮丽。我喜欢中国和中国人民。

B: 你这次在中国交了不少朋友吧?

A: 是的。

B: 这么说，你的收获真不小!

(四) 回答下列问题:

Answer the questions:

1. 你在夏令班学习汉语有什么收获?

2. 你参观了什么地方? 还准备到哪儿游览?

3. 你在中国交了不少朋友吧? 交了哪些朋友?

4. 你用中文给家里写信了吗? 写了些什么?

(五) 短文阅读:

Passage reading:

爸爸:

　　您好。时间过得真快，一转眼就四十天了。夏令班的学习就要结束了。这次，我在广州中国语言文化学校学习汉语，收获不少。刚来广州的时候，我连一句中国话都不会说，现在，我能听能说，还能读一些简短的文章。我还参观了一些工厂、农村、幼儿园，游览了很多名胜古迹。中国是一个有五千年历史的国家，山河壮丽，给我留下了很深的印象。我在中国，还交了不少朋友。

　　爸爸，夏令班结束后，我还准备去桂林、北京游览参观，六月初回国。

　　　　　　祝您

身体健康

　　　　　　　　　　　　　　　儿　金山　敬上
　　　　　　　　　　　　　　　1989.7.10.

第二十四课 在 海 关

Dì—Èrshísì Kè　Zài Hǎiguān

Lesson 24　At the Customs

一、课　文　Text

A: 先生，这是我的护照。

Xiānsheng, zhè shì wǒ de hùzhào.

Sir. This is my passport.

B: 您的预防接种证书呢?

Ní de yùfáng jiēzhòng zhèngshū ne?

Your Certificate of Vaccination Against Cholera?

A: 这就是。

　Zhè jiù shì.

　Here you are.

B: 行了。请到那边去办入境手续。

　Xíngle. Qǐng dào nàbian qù bàn rùjìng shǒuxù.

　OK. Please go over there to go through the procedures for entering the country.

C: 您填写了旅客行李物品申报单没有?

　Nín tiánxiě le lǚkè xíngli wùpǐn shēnbàodān méiyǒu?

　Have you filled out the Baggage Declaration Form?

A: 还没呢。

　Hái méi ne.

　Not yet.

C: 请您先填写一份旅客行李物品申报单，再把全部行李物品交来检查。

　Qǐng nín xiān tiánxiě yí fèn lǚkè xíngli wùpǐn shēnbàodān, zài bǎ quánbù xíngli wùpǐn jiāolái jiǎnchá.

　Please first fill out the Baggage Declaration Form, and then put all your baggage out for a check.

A: 我是来短期旅游学习的。自己用的手表、录音机、照相机要交税吗?

　Wǒ shì lái duǎnqī lǚyóu xuéxí de. Zìjǐ yòng de shǒubiǎo, lùyīnjī, zhàoxiàngjī yào jiāo shuì ma?

　I come here for a short—term study and tour. Do I have to pay duty on my own watch, tape—recorder and camera?

C: 限量内的免税，要登记一下。您离境时必须把原物带出去。

　Xiànliàng nèide miǎnshuì, yào dēngjì yí xià. Nín líjìng shí bìxū bǎ yuánwù dài chūqù.

Those within the limitations are duty free. But you have to register and take these things out when you leave the country.

A: 我带了两部录音机，一部是要送给亲戚的，可以吗？

Wǒ dàile liǎng bù lùyīnjī, yí bù shì yào sònggěi qīnqi de, kěyǐ ma?

I've brought two tape-recorders, one for my relative. Is that all right?

C: 这部要交税。您有没有托运的行李？

Zhè bù yào jiāo shuì. Nín yǒuméiyǒu tuōyùn de xíngli?

Pay duty on this one. Do you have any baggage by separate shipment?

A: 没有。

Méiyǒu.

No.

C: 有没有替人带东西？

Yǒuméiyǒu tì rén dài dōngxi?

Is there anything you have brought for others?

A: 也没有。

Yě méiyǒu.

No.

C: 您有外币吧？请您填写一份外币申报单。

Nín yǒu wàibì ba? Qǐng ní tiánxiě yí fèn wàibì shēnbàodān.

You have foreign currency, haven't you? Please fill out the Foreign Currency Declaration Form.

A: 谢谢。在哪儿可以兑换人民币？

Xièxie. Zài nǎr kěyǐ duìhuàn Rénmínbì?

Thanks. Where can I have my money changed into Renminbi?

C: 在银行。好啦，请您到那儿去交税。

Zài yínháng. Hǎo le, qǐng nín dào nàr qù jiāo shuì.

At the bank. OK, now please pay the duty over there.

A: 先生，我离境的时候，能带一些药品和文物出去吗？

Xiānsheng, wǒ lí jìng de shíhou, néng dài yìxiē yàopǐn hé wénwù chūqù ma?

Sir, can I take out some medicine and cultural relics when I leave?

C: 只要是准许出口的，凭商店发票和外币兑换证明，就可以带出去。

Zhǐyào shì zhǔnxǔ chūkǒu de, píng shāngdiàn fāpiào hé wàibì duìhuàn zhèngmíng, jiù kěyǐ dài chūqù.

You may take the objects out with the receipt and exchange certificate of foreign currency as long as they are permitted for exportation.

A: 谢谢，再见。

Xièxie, zàijiàn.

Thanks. Good—bye.

二、生词和短语　　New Words and Expressions

1.	海关	(名) hǎiguān	customs, custom—house
2.	先生	(名) xiānsheng	sir, mister, gentleman
3.	预防接种 证书	yùfáng jiēzhòng zhèngshū	Certificate of Vaccination Against Cholera
4.	办	(动) bàn	to go through
5.	入境	rùjìng	to enter the country
6.	旅客行李 物品申报单	lǚkè xíngli wùpǐn shēnbàodān	Baggage Declaration Form
7.	份	(量) fèn	(a measure word)

8.	全部	(形) quánbù	all
9.	物品	(名) wùpǐn	article, goods
10.	检查	(动) jiǎnchá	to check
11.	短期	(名) duǎnqī	short term
12.	手表	(名) shǒubiǎo	wrist watch
13.	录音机	(名) lùyīnjī	tape-recorder
14.	照相机	(名) zhàoxiàngjī	camera
15.	交税	jiāo shuì	to pay duty
16.	限量	(名) xiànliàng	limitation of quantity
17.	……内	(名) ...nèi	within, inside
18.	免税	miǎn shuì	duty free
19.	离境	lí jìng	to leave (a country)
20.	必须	(副) bìxū	to have to, must
21.	原物	(名) yuánwù	original object
22.	部	(量) bù	(a measure word)
23.	外币申报单	wàibì shēnbàodān	Foreign Currency Declaration Form
24.	银行	(名) yínháng	bank
25.	药品	(名) yàopǐn	medicine
26.	文物	(名) wénwù	cultural relic
27.	只要	(连) zhǐyào	so long as, provided
28.	准许	(动) zhǔnxǔ	to permit, to allow
29.	出口	(动) chūkǒu	to export; exportation
30.	发票	(名) fāpiào	receipt, bill
31.	证明	(名) zhèngmíng	certificate

三、注 释 Notes

1. 只要……就……

"只要"表示必要的条件，它常和"就"等呼应。"就"一定要在谓语前。如：

只要 means that something is a necessary condition for something else. It is often accompanied by the word 就 which must come before the predicate, e.g.

只要是准许出口的，就可以带出去。

只要你愿意学，就一定能学会。

2. 先……再……

"先……再……"表示两件事发生的先后次序。如：

先……再…… shows the order in which two things happen, e.g.

请你先填一份申报单，再把行李交来检查。

你先去吧，我等会儿再去。

四、 练 习 Exercises

(一) 替换练习:

Substitution drills:

1. 你填写了旅客行李物品申报单没有?

带	证明
托运	行李
买	飞机票
买	车票
填写	兑换单

2. 你先填申报单，再把行李交来检查。

休息一下	办手续
参观工厂	参观幼儿园
去台山	去美国
上山	游览岩洞

乘一路车　　转十六路车

3. 你有没有<u>托运行李</u>?　　去邮局

办手续

买车票

参观工厂

游览越秀公园

(二) 根据课文回答问题:

Answer the questions according to the text:

1. 入境要办什么手续?

2. 自己用的手表、录音机、照相机要交税吗?

3. 离境的时候, 能带一些药品和文物出去吗?

(三) 对话:

Dialogue:

金　山: 张老师, 我明天就要回国了, 在海关要办哪些手续?

张老师: 今天由学校替你办好签证手续。到海关后再办离境手续。先填写一份旅客行李物品申报单, 再让海关的同志检查全部行李。

金　山: 我想带一些药品和文物出去, 行吗?

张老师: 只要是准许出口的, 凭商店发票和外币兑换证明, 就可以带出去。还有什么不了解的吗?

金　山: 没有了。谢谢。

张老师: 今晚早点儿休息吧。

金　山: 好的。

(四) 用以下词语说一段话:

Say something in a short passage using the following words:

在　　海关　　入境　　办　　手续　　交税

吗　　物品　　外币　　哪儿　　换　　谢谢

人民币

Passage reading:

　　潘国强的爸爸是美国华侨，他的家在洛杉矶。今年暑假，他到中国广州旅游学习。

　　在海关，海关人员检查了潘国强的护照和预防接种证书，叫他填写了旅客行李物品申报单，然后检查了他的行李。潘国强自己用的手表、录音机、照相机免税，准备送给亲戚的一部录音机要交税。潘国强带了两千美元，填写了一份外币申报单，到银行兑换了人民币。手续办好后，潘国强叫了一辆(liàng)出租汽车，到广州中国语言文化学校去。

第二十五课 话别

Dì-Èrshíwǔ Kè   Huàbié

Lesson 25 Saying Good-bye

一、课 文 Text

A: 你们好!

Nǐmen hǎo!

Hello!

B: 您好，王老师。

Nín hǎo, Wáng lǎoshī.

Hello! Mr. Wang.

C: 王老师，请这边坐。房里乱得很，我们正在整理东西呢。

Wáng lǎoshī, qǐng zhèbiān zuò. Fángli luànde hěn, wǒmen zhèngzài zhěnglǐ dōngxi ne.

Would you please sit here Mr. Wang? the room is in a mess. We are putting things in order.

A: 你们明天就要走了，我是特意来看望你们的。

Nǐmen míngtiān jiùyào zǒu le, wǒ shì tèyì lái kànwàng nǐmen de.

You are leaving tomorrow. So I come specially to see you.

B: 谢谢。我们刚才还谈着告别会呢。大家在告别会上的发言使我们十分感动。

Xièxie. Wǒmen gāngcái hái tánzhe gàobiéhuì ne. Dàjiā zài gàobiéhuì shang de fāyán shǐ wǒmen shífēn gǎndòng.

Thank you. We're talking about the farewell gathering held just now. We were deeply moved for the speech made by everyone in the meeting.

A: 是啊，我也非常高兴。哎，你们的手续办好了吗？

Shí a, wǒ yě fēicháng gāoxìng. Ai, nǐmen de shǒuxù bànhǎo le ma?

Yes, I'm very happy, too. Hey! Have you gone through thr formalities?

C: 办好了。对了，没花完的人民币怎么办？

Bànhǎo le. Duì le, méi huāwán de rénmínbì zěnme bàn?

Yes. By the way, what should I do with the Renminbi I have left?

A: 离境前可以把它兑换成外币。金山，你不是要到台山县去吗？

Lí jìng qián kěyǐ bǎ tā duìhuàn chéng wàibì. Jīnshān, nǐ bú

shì yào dào Táishān Xiàn qù ma?

You can change it into foreign currency when you leave China.

Jinshan, You'll go to Taishan County, won't you?

B: 是啊，我叔叔来接我，明天的票已经买好了。

Shì a, wǒ shūshu lái jiē wǒ, míngtiānde piào yǐjīng mǎihǎo le.

Yes, My uncle is coming to meet me. I've already bought the ticket for tomorrow.

A: 还有什么需要我帮忙的吗？

Hái yǒu shénme xūyào wǒ bāngmáng de ma?

Anything else I can do for you?

C: 没有了，该办的都已经办好了。

Méiyǒu le, gāi bànde dōu yǐjīng bànhǎo le.

Not at the moment. What should be done has been done.

B: 在广州学习的四十天里，老师们热情地关心我们，帮助我们，我们十分感谢。

Zài Guǎngzhōu xuéxí de sìshí tiānli, lǎoshīmen rèqíng de guānxīn wǒmen, bāngzhù wǒmen, wǒmen shífēn gǎnxiè.

During our forty days of study in Guangzhou, the teachers have helped and cared for us enthusiastically. We are really grateful.

A: 这都是我们应该做的。回去后，请代向你们的亲人问好，请他们有机会到中国看看，也欢迎你们再来。

Zhè dōushì wǒmen yīnggāi zuò de. Huíqù hòu, qǐng dài xiàng nǐmen de qīnrén wèn hǎo, qǐng tāmen yǒu jīhuì dào Zhōngguó kànkan. Yě huānyíng nǐmen zài lái.

It's our pleasure. Please give my best regards to your family when you are back, and ask them to come to China if they have a chance. You are also welcome to come here again.

C: 谢谢。就要离开这里了，我们还真有点儿舍不得呢。

Xièxie. Jiùyào líkāi zhèlǐ le, wǒmen hái zhēn yǒudiǎnr

shěbude ne.

Thanks. We really hate to leave.

B: 我们一定还会再来的。

Wǒmen yídìng hái huì zài lái de.

We're sure to come again.

A: 好，明天我来送你们。

Hǎo, míngtiān wǒ lái sòng nǐmen.

Good. I'll see you off tomorrow.

　　　(在校门口　Zài xiào ménkǒu　At the school gate)

A: 同学们，请上车吧。

Tóngxuémen, qǐng shàng chē ba.

Ladies and gentlemen, all get on the bus, please.

同学们: 老师，再见! 祝您身体健康，工作顺利。

Lǎoshī, zàijiàn! Zhù nín shēntǐ jiànkāng, gōngzuò shùnlì.

Good-bye, Teacher! Wish you good health and hope your work go smoothly!

A: 再见! 祝你们一路平安。

Zàijiàn! Zhù nǐmen yílù píng'ān.

Good-bye! Have a nice trip!

二、生词和短语　New Words and Expressions

1.	话别		huàbié	to say good-bye, farewell
2.	房里		fángli	in the room
3.	乱	(形)	luàn	in a mess, in disorder
4.	整理	(动)	zhěnglǐ	to put in order, to arrange
5.	特意	(副)	tèyì	specially, particularly
6.	看望	(动)	kànwàng	to see
7.	刚才	(副)	gāngcái	just now

8.	告别会	(名)	gàobiéhuì	farewell meeting
9.	发言	(动)	fāyán	to speak, to make a speech
10.	使	(动)	shǐ	to make, to let
11.	花(钱)	(动)	huā(qián)	to spend (money)
12.	需要	动)	xūyào	to need
13.	帮忙	(动)	bāngmáng	to help, to do something for sb.
14.	热情	(形)	rèqíng	warm, enthusiastic
15.	应该	(动)	yīnggāi	should, have to
16.	亲人	(名)	qīnrén	one's family members
17.	有机会		yǒu jihuì	to have a chance
18.	欢迎	(动)	huānyíng	to welcome
19.	舍不得		shěbude	sorry to leave, to hate to part with
20.	顺利	(形)	shùnlì	successfully, smoothly
21.	一路		yílù	all the way, through the journey
22.	平安	(形)	píng'ān	well, safe and sound

专 名 Proper Name

王(老师)   Wáng (lǎoshī)   (Teacher) Wang

三、注 释 Notes

1. 不是……吗?

"不是……吗"用在谓语中，表示反问，有强调肯定的意思。
如:

不是···吗 is a kind of rhetorical question. When used in the predicate part,不是···吗 stresses the affirmation of a statement, e.g.

你不是要到台山县去吗?

(你要到台山县去。)

我不是已经告诉你了吗?

(我已经告诉你了。)

2. 舍不得

"舍不得"有不愿分离的意思，可带名词、动词作宾语。如:

舍不得 means to hate to part with. It can take a noun or a verb as its object, e.g.

就要离开这里了，我们真有点儿舍不得呢。

我们都舍不得离开中国。

四、 练 习 Exercises

(一) 替换练习:

Substitution drills:

1. 你不是要<u>到台山县去</u>吗?

吃了饭了

要到外文书店去

买了票了

办好手续了

要参加告别会

要在告别会上发言

已经整理好东西了

去过了

打赢了

2. 我们正在<u>整理东西</u>呢。

玩儿

读书

学习

溜冰

谈告别会

谈明天走的事

找你

3. 该<u>办</u>的都已经<u>办</u>好了。　　　买　　　　买

上车　　　上车

填　　　　填好

做　　　　做

说　　　　说完

去的地方　去过

走　　　　走

(二) 熟读下列词组和句子:

Read the following word-groups and sentences until fluent:

整理东西　　看望你们　　谈告别会

办手续　　　兑换外币　　买票　　　　拿行李

关心我们　　帮助我们　　欢迎你们　　欢送你们

离开这里

我们正在整理东西。

我是特意来看望你们的。

大家在告别会上的发言,使我十分感动。

我叔叔来接我。

我们还真有点儿舍不得呢。

我们一定还会再来的。

再见吧,老师!

祝你身体健康,工作顺利。

祝你一路平安。

(三) 仿照下列例句提出问题:

Ask questions after the example:

例: Example: 他要到台山去。

　　　　　　　　他不是要到台山去吗?

1. 金山要到台山去。
2. 你叔叔来接你。
3. 他买好了明天的票。
4. 没花完的人民币可以把它兑换成外币。

(四) 对话:

Dialogue:

王老师
张老师　: 你们好。

赵金山
潘国强　: 王老师好! 张老师好!

赵金山: 王老师、张老师，请坐。这是我叔叔，从台山来看我的。

潘国强: 房里乱得很，我们正在整理东西呢。

王老师: 你们明天就要走了，我们是特意来看你们的。

潘、赵: 谢谢。

张老师: 哎，你们的手续办好了吗?

潘国强: 办好了。对了，没花完的人民币怎么办?

赵金山: 听说离境前可以兑换成外币。

张老师: 是的。

叔　叔: 金山在这里学习汉语，收获很大，真该感谢你们两位老师了。

王老师: 这都是我们应该做的。金山，你回去后，请代向你们的亲人问好。请他们有机会来中国看看，也欢迎你们再来。

潘国强: 谢谢。就要离开这里了，我们还真有点儿舍不得呢。

赵金山： 我们一定还会再来的。

王老师： 时候不早了，我们该走了。你们今晚好好休息吧。

潘、赵： 谢谢老师。老师再见。

(五) 按下列要求练习对话：

Make a dialogue according to the following situation:

人物： 赵金山、潘国强、潘国强的姑姑（从台山来的）、张老师。

内容： 老师到潘、赵房间送别，问办好手续没有。潘感谢老师的帮助。表示有机会一定再来。告别。

(六) 短文阅读：

Passage reading:

告 别 的 话

敬爱的校长、老师们：

时间过得真快，我们就要离开广州回国了，真舍不得呀！在夏令班学习的四十天里，老师们非常热情，处处关心我们，帮助我们。我们学到了不少东西。我们学会了写中文信、唱中国歌。我们还参观游览了很多名胜古迹。中国的河山太美了，我们爱上了这里的山山水水。以后有机会，我们一定再来中国参观游览，来看望敬爱的老师。再见吧，校长！再见吧，老师们！祝你们身体健康，工作顺利。

词 汇 总 表

Vocabulary

A

ɑ	啊	(叹)	ɑ	(an interjection)	14
ɑi	哎呀	(叹)	ɑiyɑ	oh, ah	9
ɑn	安全带	(名)	ɑnquándài	safety belt	22
	安静	(形)	ɑnjìng	quiet	13

B

bǎ	把	(介)	bǎ	(a preposition showing disposal)	13
bà	爸爸	(名)	bàba	father	3
ba	吧	(助)	ba	(a modal particle)	2
bǎi	百	(数)	bǎi	hundred	16
	百货	(名)	bǎihuò	kinds of goods	
	(百货商店)		bǎihuò shāngdiàn	(department store)	20
bān	班机	(名)	bānjī	flight	22
bàn	半	(数)	bàn	half	7
	办	(动)	bàn	to go through	2
	办理	(动)	bànlǐ	to go through, to handle	22

bāng	帮忙	(动) bāngmáng	to help, to do something for sb.	25
	帮助	(动) bāngzhù	to help	23
bǎo	饱	(动) bǎo	enough	9
bēi	杯	(量) bēi	cup	19
běi	北	(名) běi	north	21
	北斗七星	běidǒu qī xīng	the Seven Big Dippers (the Great Bear)	18
bǐ	比	(动) bǐ	to	16
	比赛	(动、名) bǐsài	match; to contest	17
bì	必须	(副) bìxū	must, to have to	24
biān	编	(动) biān	to edit, to write, to compile	12
	边	(名) biān	side	20
biàn	变	(动) biàn	to change, to turn	22
	变化	(名) biànhuà	change	20
biǎo	表	(名) biǎo	form	13
	表姐	(名) biǎojiě	cousin	4
	表哥	(名) biǎogē	cousin	4
bié	别	(副) bié	don't	5
	别的	(代) biéde	other	12
bìng	病	(名) bìng	illness, sickness	6
bó	伯伯	(名) bóbo	uncle	4
bú	不错	(形) búcuò	not bad	9
	不过	(连) búguò	but	17
	不用(谢)	búyòng(xiè)	need not (to thank)	6
bù	不	(副) bù	not, no	1
	部	(量) bù	(a measure word)	24

C

cái	才	(副) cái	then and only then	8
cài	菜	(名) cài	dish	9
	菜单	(名) càidān	menu, a bill of fare	9
cān	参观	(动) cānguān	to visit	23
	参加	(动) cānjiā	to take part in, to join	19
cè	册	(量) cè	(a measure word) copy	12
céng	层	(量) céng	floor	13
chá	茶	(名) chá	tea	5
cháng	尝	(动) cháng	to taste	19
	长	(形) cháng	long	21
	长途	(名) chángtú	long distance	14
	长寿	(形) chángshòu	long life	19
	长寿面	(名) chángshòu-miàn	longevity noodles	19
chāo	超重	(动) shāozhòng	to overweight	22
chǎo	炒	(动) chǎo	to fry	9
che	车费	chefèi	fare	8
chéng	乘	(动) chéng	to take	15
	乘客	(名) chéngkè	passenger	10
chī	吃	(动) chī	to eat, to take	6
chū	出版	(动) chūbǎn	to publish	12
	出口	(动) chūkǒu	to export; exportation	24
	出去	(动) chūqù	to go out	5
	出租汽车	chūzū qìchē	taxi	8

chuán	船	(名) chuán	boat, ship	18
	传说	(动) chuánshuō	according to legend	20
cōng	匆忙	(形) cōngmáng	in a hurry	22
cóng	从此	(连) cóngcǐ	from then on, from now on	20
cuò	错	(形) cuò	wrong	16

D

dǎ	打电话	dǎ diànhuà	to make a phone call	14
	打平	dǎ píng	to make the same score, to tie, to draw	17
	打球	dǎ qiú	to play ball	17
	打听	(动) dǎtīng	to ask about	11
dà	大家	(代) dàjiā	everyboby	10
	大学	(名) dàxué	university, college	3
	大学生	(名) dàxuéshēng	university student	3
dài	带	(动) dài	to bring	16
	大夫	(名) dàifu	doctor	6
dān	单人房	(名) dānrénfáng	single room	13
dàn	蛋糕	(名) dàngāo	cake	19
dāng	当	(动) dāng	to regard as, to take as	20
dǎo	导游	(名) dǎoyóu	guide	18
dào	到	(动) dào	to reach	1
	到处	(名) dàochù	everywhere	17
	到达	(动) dàodá	to arrive	22

	稻穗	(名)	dàosuì	the ear of grain	20
dé	得	(动)	dé	to get, to have	6
de	的	(助)	de	(a structural particle)	2
	得	(助)	de	(a structural particle)	17
	地	(助)	de	(a structural particle)	21
děi	得	(动)	děi	to have to	5
dēng	登	(动)	dēng	to climb	21
	灯火辉煌		dēnghuǒ huīhuáng	ablaze with lights	20
	登机		dēngjī	to board a plane	22
	登记	(动)	dēngjì	to register	13
děng	等	(动)	děng	to wait	5
	等等	(助)	děngděng	and so on, etc.	21
	等候	(动)	děnghòu	to wait for	8
dì	弟弟	(名)	dìdi	younger brother	3
	地方	(名)	dìfang	place	20
	地图	(名)	dìdú	map	21
	第一	(数)	dìyī	first	21
	地址	(名)	dìzhǐ	address	14
diǎn	点(钟)	(量)	diǎn(zhōng)	(a measure word) o'clock	2
	点	(动)	diǎn	to order (a dish)	9
diàn	电影院	(名)	diànyǐngyuàn	cinema	20
dié	碟	(名)	dié	plate	9
dìng	订购	(动)	dìnggòu	to reserve	22
	定做		dìngzuò	to order, to be made	19
dōng	东	(名)	dōng	east	21
	东西	(名)	dōngxi	thing	7

dǒng	懂	(动) dǒng	to understand	23
dōu	都	(副) dōu	all	3
dú	读	(动) dú	to read	23
dù	度	(量) dù	degree	6
duǎn	短期	(名) duǎnqī	short term	24
duàn	段	(量) duàn	(a measure word)	22
	锻炼	(动) duànliàn	to train	17
duì	对	(形) duì	right	18
	对不起	duìbuqǐ	I'm sorry; sorry; excuse me; pardon me	5
	兑换	(动) duìhuàn	to exchange	16
	兑换单	(名) duìhuàndān	form for exchange	16
	兑换率	(名) duìhuànlǜ	exchange rate	16
	对面	(名) duìmiàn	opposite	15
duō	多	(形) duō	many, much, a lot of	4
	多少	(代) duōshǎo	how many, how much	10

E

è	饿	(动) è	hungry	9

F

fā	发票	(名) fāpiào	receipt, bill	24
	发烧	(动) fāshāo	to have a fever	6

	发言	(动) fāyán	to speak, to make a speech	25
fān	番茄蛋花汤	fānqié dànhuā tāng	soup with eggs and tomatoes	9
fàn	饭	(名) fàn	rice	9
	饭店	(名) fàndiàn	restaurant	9
fáng	房间	(名) fángjiān	room	13
	房里	(名)·fángli	in the room	25
	房租	(名) fángzū	room rent	13
fǎng	访友	fǎng yǒu	to visit a friend	5
fēi	非常	(副) fēicháng	very, really	20
	飞机	(名) fēijī	airplane, plane	22
	飞行	(动) fēixíng	to fly	22
fèi	费	(名) fèi	fee	8
fēn	分	(量) fēn	(a measure word) minute	2
fěn	粉	(名) fěn	noodle	9
fèn	份	(量) fèn	(a measure word)	24
fēng	封	(量) fēng	(a measure word)	11
	风景	(名) fēngjǐng	scenery	18
fú	幅	(量) fú	(a measure word)	7
	服务台	(名) fúwùtái	the service desk	13
	服装店	(名) fúzhuāng-diàn	clothes shop	20
fù	付	(动) fù	to pay	9
	附近	(名) fùjìn	nearby, neighbouring	20
	父亲	(名) fùqin	father	23
	复制品	(名) fùzhìpǐn	reproduction, replica	7

G

gān	干杯		gānbēi	to cheer, to drink a toast 19
	干净	(形)	gānjìng	clean 13
gǎn	赶	(动)	gǎn	to get 8
	感动	(动)	gǎndòng	touching, moving 23
	感冒	(动)	gǎnmào	to catch cold, to have a cold 6
	感谢	(动)	gǎnxiè	to thank, to be grateful 23
gāng	刚	(副)	gāng	just 7
	刚才	(名)	gāngcái	just now 25
gāo	高度	(名)	gāodù	altitude, height 22
	高峰		fāo fēng	high peak 21
	高楼大厦		gāo lóu dà shà	high buildings and large mansions 20
	高山大河		gāo shān dà hé	high mountains and great rivers 21
	高兴	(形)	gāoxìng	delighted, happy, glad 1
gào	告别会	(名)	gàobiéhuì	farewell meeting 25
	告诉	(动)	gàosu	to tell 10
gē	哥哥	(名)	gēge	elder brother 3
gè	各地		gèdì	all parts of (a country, the world) 21
	各位		gèwèi	everybody 19
ge	个	(量)	ge	(a measure word) 9

gěi	给	(介) gěi	to give	6
gēn	跟	(动) gēn	to be with, to follow	23
gèng	更	(副) gèng	more, still more	21
gōng	工厂	(名) gōngchǎng	factory, plant	23
	公共汽车	gōnggòng qìchē	bus	10
	公里	(量) gōnglǐ	kilometre	8
	工艺美术品部	gōngyì měishùpǐn bù	the Department of Arts and Crafts	7
	工作	(名) gōngzuò	to work	3
gòng	共	(动) gòng	altogether	16
gū	姑姑	(名) gūgu	aunt	4
gǔ	古代	(名) gǔdài	ancient time	20
guà	挂号	guàhào	registered (letter)	11
guǎi	拐弯	guǎiwān	to turn a corner	15
guài	怪不得	guàibude	no wonder	18
guān	关心	(动) guānxīn	to care	23
guàn	罐	(名、量) guàn	tin, can; (a measure word)	7
guǎng	广播	(动) guǎngbō	broadcast	23
guì	贵	(形) guì	expensive	7
	贵姓	guìxìng	May I ask your name?	5
guó	国家	(名) guójiā	country	21
guò	过	(助) guò	(an aspectual particle)	4
	过	(动) guò	to across	15

H

hái	还	(副) hái	else, in addition, still	3
	还是	(连) háishì	or	7
	还有	háiyǒu	still, yet	15
hǎi	海关	(名) hǎiguān	custome, custome-house	24
	海味	(名) hǎiwèi	sea food	9
háng	航空	(名) hángkōng	by air	11
hǎo	好	(形) hǎo	good, well	1
	好的	hǎode	all right	17
	好玩	hǎo wánr	interesting, amusing	20
hào	号	(名) hào	number	2
	号码	(名) hàomǎ	number	13
hē	喝	(动) hē	to drink	5
hé	和	(连) hé	and, with	2
	盒	(量) hé	box	7
hěn	很	(副) hěn	very	1
hòu	后	(名) hòu	after	23
	候机室	(名) hòujīshì	waiting room, lounge	22
hù	护照	(名) hùzhào	passport	13
huā	花(钱)	(动) huā(qián)	to spend (money)	25
	花草	(名) huācǎo	flower and grass	20
	花茶	(名) huāchá	Flower Tea	7
huà	画	(名) huà	picture, painting	7
	话别	huàbié	to say good-bye, farewell	25

huān	欢迎	(动) huānyíng	to welcome	25
huàn	换	(动) huàn	to exchange	16
huí	回来	(动) huílái	to come back, to be back, to return	8
huì	会	(动) huì	will, can	13
huó	活动	(名) huódòng	activity	17

J

jī	鸡	(名) jī	chicken	9
	机场	(名) jīchǎng	airport	22
	机会	(名) jīhuì	chance, opportunity	21
jí	极	(副) jí	extremly	18
	急事	jí shì	something urgent	8
jǐ	几	(代) jǐ	how many, several (Here 几号 means "what date".)	2
jì	寄	(动) jì	to send, to mail	11
	系	(动) jì	to fasten	22
jiā	家	(名) jiā	family	3
	加	(动) jiā	to add, to plus	9
jiǎ	甲种	jiǎzhǒng	the first class	8
jiǎn	检查	(动) jiǎnchá	to check	24
	简短	(形) jiǎnduǎn	simple and short	23
jiàn	见	(动) jiàn	to see	1
	健康	(形) jiànkāng	healthy; health	19
	建议	(动) jiànyì	to suggest, to propose	9
jiàng	降落	(动) jiàngluò	to land, to descend	22

jiāo	交	(动) jiāo	to hand over, to make (friends)	23
	交税	jiāo shuì	to pay duty	24
jiào	叫	(动) jiào	to call, to ask (sb. to do sth.	5
jiē	街	(名) jiē	street	20
	接通	(动) jiētōng	to put through	14
jié	结束	(动) jiéshù	to finish, to end, to close	23
jiě	姐姐	(名) jiějie	elder sister	3
jīn	斤	(量) jīn	jin, (a unit of weight, = 0.5 kilogram)	7
	今天	(名) jīntiān	today	2
jìn	近	(形) jìn	recent; near	20
	进	(动) jìn	to enter, to come in	5
	近来	(名) jìnlái	recently	5
	进行	(动) jìnxíng	to be in progress	17
jīng	经过	(动) jīngguò	through, to pass through (by)	22
	精装	(名) jīngzhuāng	de luxe	12
jǐng	景色	(名) jǐngsè	scenery, landscape	20
jìng	敬	(动) jìng	to respect, to offer (sth.) respectfully	19
jiǔ	久	(形) jiǔ	for a long time, long	5
jiù	就	(副) jiù	then, and so	6
	舅舅	(名) jiùjiu	uncle	4
	舅母	(名) jiùmǔ	aunt	4
jū	居住	(动) jūzhù	to reside, to live	21
jǔ	举行	(动) jǔxíng	to hold	20

| jué | 觉得 | (动) juéde | to feel | 22 |
| | 决定 | (动) juédìng | to decide | 22 |

K

kāi	开	(动) kāi	to prescribe, to make a list of	6
	开学	kāixué	school begins	2
kàn	看	(动) kàn	to read, to see, to look at	4
	看望	(动) kànwàng	to see	25
ké	咳嗽	(名) késou	cough	6
kě	可	(副) kě	(an intensive adverb)	4
	可以	(动) kěyǐ	may, can	7
kè	客气	(形) kèqi	polite, courteous	5
kòng	空栏	(名) kònglán	space column	16
kǒu	口	(量) kǒu	(a measure word); mouth	3
kuài	块	(量) kuài	(a unit of Chinese money)	7
	快	(形) kuài	quickly, fast	17
	快乐	(形) kuàilè	happy	19
kuò	扩建	(动) kuòjiàn	to enlarge; enlargement	20

L

| lái | 来 | (动) lái | to come | 4 |

lán	篮球	(名) lánqiú	basketball	17
lǎo	老大娘	(名) lǎodàniáng	granny	10
	老师	(名) lǎoshī	teacher	3
le	了	(助) le	(a modal particle)	3
lí	离	(动) lí	from	22
	离境	lí jìng	to leave (a country)	24
	离开	(动) líkāi	to leave	13
lǐ	里	(名) lǐ	inside	10
	礼貌	(名) lǐmào	polite, courteous	10
	礼物	(名) lǐwù	gift	19
lì	历史	(名) lìshǐ	history	21
lián	连	(动) lián	even	23
liáng	量	(动) liáng	to take	6
liǎng	两	(数) liǎng	two	7
	两岸	liǎng àn	both sides (of a river)	20
	两旁	liǎngpáng	both sides	20
liáo	聊聊	(动) liáoliao	to have a chat	22
liǎo	了解	(动) liǎojiě	to understand	21
lín	临时	(副、形) línshí	temporarily; on a whim	22
liū	溜冰	(名) liūbīng	skating	17
liú	留下	(动) liúxià	to leave	23
lóu	楼	(名) lóu	floor	7
lù	路	(量) lù	(a measure word)	15
	陆界	(名) lùjiè	boundary on land	21
	录音带	(名) lùyīndài	tape	12
	录音机	(名) lùyīnjī	tape-recorder	24

luàn	乱	(形) luàn	in a mess, in disorder	25
lǚ	旅客	(名) lǚkè	traveller	13
	旅客行李	lǚkè xíngli	Baggage Declaration	
	物品申报单	wùpǐn	Form	24
		shēnbàodān		
	旅馆	(名) lǚguǎn	hotel	13
	旅途	(名) lǚtú	trip, journey	22
	旅游	(动) lǚyóu	to tour, to visit	21
lǜ	绿水青山	lǜ shuǐ	clean water and	
		qīng shān	green hills	18

M

mā	妈妈	(名) māma	mother	3
má	麻烦	(动) máfan	to trouble	15
mǎ	马路	(名) mǎlù	street, road	15
ma	吗	(助) ma	(an interrogative	
			particle)	1
mǎi	买	(动) mǎi	to buy	7
mài	卖	(动) mài	to sell	7
màn	慢	(形) màn	slow	5
máng	忙	(形) máng	busy	1
máo	毛	(量) máo	(a unit of Chinese	
			money, = 0.1 yuan)	8
méi	没	(副) méi	not, no	3
	没关系	méi guānxi	it doesn't matter	5
měi	每	(代) měi	every	11
	美	(形) měi	beautiful	18
	美元	měiyuán	American dollar	16

mèi	妹妹	(名)	mèimei	younger sister	3
men	们	(尾)	men	(a suffix)	3
mí	迷人	(形)	mírén	charming, attractive	20
mǐ	米	(量)	mǐ	meter, (a measure word)	22
miǎn	免税		miǎn shuì	duty free	24
miàn	面积	(名)	miànjī	area	21
mín	民航局		mínhángjú	civil aviation administration	22
míng	名胜古迹		míngshèng gǔjī	scenic spot and historical site	20
	明天	(名)	míngtiān	tomorrow	2

N

ná	拿手	(形)	náshǒu	adept, expert, good at	9
nǎ	哪里	(代)	nǎli	where	20
	哪儿	(代)	nǎr	where	4
	哪些	(代)	nǎxiē	which	20
nà	那	(代)	nà	then, that	7
	那边	(代)	nàbiān	over there	9
	那里	(代)	nàli	there	20
nán	南	(名)	nán	south	21
	南大门		nán dà mén	southern gate	20
nào	闹	(动)	nào	to make	23
ne	呢	(助)	ne	(a modal particle)	1
nèi	内	(名)	nèi	within, inside	24

néng	能	(动) néng	can, to be able to	8
nǐ	你	(代) nǐ	you	1
nián	年	(名) nián	year	20
nín	您	(代) nín	polite form of 你	5
niú	牛肉	(名) niúròu	beef	9
nóng	农村	(名) nóngcūn	countryside, village	23

O

| ò | 哦 | (叹) ò | (interjection) | 20 |
| ǒu | 呕吐 | (动) ǒutù | to vomit, to throw up | 22 |

P

pà	怕	(动) pà	afraid, to fear	22
pái	排球	(名) páiqiú	volleyball	17
pǎo	跑步	(名、动) pǎobù	to run; running	17
péng	朋友	(名) péngyou	friend	19
pèng	碰	(动) pèng	to meet	22
pí	啤酒	(名) píjiǔ	beer	9
piào	票	(名) piào	ticket	10
píng	瓶	(量) píng	bottle	9
	凭	(动) píng	with, by	22
	平安	(形) píng'ān	well, safe and sound	25
	平方	(名) píngfāng	square	21
	平稳	(形) píngwěn	smooth	22
	平信	(名) píngxìn	ordinary letter	11
	平装	(名) píngzhuāng	paperbound	12

Q

qí	骑	(动)	qí	to ride	20
qǐ	起飞	(动)	qǐfēi	to take off	22
qì	汽水	(名)	qìshuǐ	soft drink, soda water	9
qián	钱	(名)	qián	money	7
	前	(名)	qián	forward, ahead	15
	钱数	(名)	qiánshù	total of money	16
	前天	(名)	qiántiān	the day before yesterday	20
qiáo	侨胞	(名)	qiáobāo	compatriot residing abroad	21
	瞧	(动)	qiáo	to look	18
qiǎo	巧	(形)	qiǎo	opportunely, coincidentally	22
qīn	亲属		qīnshǔ	relative	4
	亲人	(名)	qīnrén	one's family members	25
qīng	青年	(名)	qīngnián	young men, youth	10
qǐng	请问		qǐngwèn	May I ask...	2
qù	去	(动)	qù	to go	8
quān	圈	(量)	quān	round, circle, ring	21
quán	全	(副)	quán	all	13
	全部	(名)	quánbù	all	24

R

ràng	让	(动)	ràng	to ask (sb. to do sth.), to let	5

rè	热情	(形)	rèqíng	warm, enthusiastic	25
	热闹	(形)	rènao	busy, bustling with	20
rén	人	(名)	rén	person, people	3
	人口	(名)	rénkǒu	population	21
	人们		rénmen	people	18
	人民币		rénmínbì	Renminbi (RMB)	16
rì	日	(名)	rì	day	2
	日期	(名)	rìqī	date	2
rú	如果	(连)	rúguǒ	if	21
rù	入境		rùjìng	to enter the country	24

S

shān	山河	(名)	shānhé	land, mountains and rivers	23
shāng	商店	(名)	shāngdiàn	shop, store	20
shàng	上车		shàng chē	to get on	8
	上课		shàng kè	to attend a class, to teach in a class, to go to class	2
	上面	(名)	shàngmiàn	above	16
	上午	(名)	shàngwǔ	morning (or: A.M.)	2
shāo	稍	(副)	shāo	a bit, a little	14
shǎo	少	(形)	shǎo	few, little	20
shě	舍不得		shěbude	sorry to leave, to hate to part with	25
shēn	深刻	(形)	shēnkè	deep, profound	23
	身体	(名)	shēntǐ	body, health	1
shén	什么	(代)	shénme	what	2

shēng	声	(量)	shēng	(a measure word)	10
	生日	(名)	shēngri	birthday	19
shèng	胜地	(名)	shèngdì	resort	21
shí	石雕	(名)	shídiāo	stone carving	20
	时候	(名)	shíhou	time	2
	时间	(名)	shíjiān	time	2
	十字路口	(名)	shízì lùkǒu	crossroads	15
	十分	(副)	shífēn	very, pretty	21
shǐ	使	(动)	shǐ	to make, to let	25
shì	是	(动)	shì	to be (am, are, is)	2
	事	(名)	shì	matter	17
	世界	(名)	shìjiè	world	21
	市内		shìnèi	in city, local	14
	市容	(名)	shìróng	the appearance of a city	20
shōu	收获	(名)	shōuhuò	harvest, gain	21
	收据	(名)	shōujù	receipt	11
	收下	(动)	shōuxià	to accept	19
shǒu	手表	(名)	shǒubiǎo	wrist watch	24
	首都	(名)	shǒudū	capital	21
	手续	(名)	shǒuxù	procedure, formality	22
shòu	售票员	(名)	shòupiàoyuán	conductor	10
shū	书	(名)	shū	book	12
	输	(动)	shū	to lose	17
	书店	(名)	shūdiàn	book store	12
	舒服	(形)	shūfu	well, comfortable	6
	叔叔	(名)	shūshu	uncle	4
shǔ	数	(动)	shǔ	to check	16

shù	束	(量)	shù	(a measure word)	
				bunch	20
	数字	(名)	shùzì	number	16
	树木	(名)	shùmù	tree	20
shuāng	双人房	(名)	shuāngrénfáng	double room	13
shuí	谁	(代)	shuí	who	5
shuǐ	水果店	(名)	shuǐguǒdiàn	fruits shop	20
	水平	(名)	shǐpíng	level	23
shùn	顺便	(副)	shùnbiàn	by the way	11
	顺利	(形)	shùnlì	successfully, smoothly	25
shuō	说	(动)	shuō	to say, to speak	17
sī	司机		sījī	driver	8
sì	四周	(名)	sìzhōu	around	18
sòng	送	(动)	sòng	to see sb. off or out	5
	送	(动)	sòng	to present, to send	19
sū	酥炸子鸡		sūzhá zǐjī	savoury and crisp chicken	9
suān	酸甜石斑 鱼		suān tián shíbānyú	sour and sweet grouper	9
suàn	算	(动)	suàn	to count	8
	算了	(动)	suànle	let it be, forget it	17

T

tā	他	(代)	tā	he, him	3
	她	(代)	tā	she, her	3
	它	(代)	tā	it,	18
tài	太	(副)	tài	too (不太舒服: not so well)	6

tán	谈	(动) tán	to talk	23
táng	堂哥	(名) tánggē	cousin	4
tào	套	(量) tào	set	12
tè	特别	(副) tèbié	specially	20
	特地	(副) tèdì	especially	19
	特意	(副) tèyì	especially, particularly	25
tī	踢	(动) tī	to play, to kick	17
tí	提高	(动) tígāo	to improve	23
	提议	(动) tíyì	to propose	19
tǐ	体温	(名) tǐwēn	(body) temperature	6
	体育	(名) tǐyù	physical culture, sport	17
tì	替	(介) tì	for	4
tiān	天	(名) tiān	sky	18
	天气	(名) tiānqì	weather	22
tián	填写	(动) tiánxiě	to fill in	13
	填(法)	(动) tián(fǎ)	to fill in	16
tiē	贴	(动) tiē	to stick	11
tīng	听	(动) tīng	to listen, to hear	23
	听说	(动) tīngshuō	it is said	12
tóng	同乡	tóngxiāng	fellow villager, townsman, county man	21
	同学	(名) tóngxué	classmate	17
	同志	(名) tóngzhì	comrade	8
tóu	头	(量) tóu	(a measure word)	20
	头疼	(动) tóuténg	headache	6
tuō	托运	(动) tuōyùn	to consign	22

W

| wù | 物品 | (名) | wùpǐn | article, goods | 24 |

<h1 style="text-align:center">X</h1>

xī	西	(名)	xī	west	21
	西餐	(名)	xīcān	western food	9
xǐ	喜欢	(动)	xǐhuan	to like, to be fond of	9
xià	下车		xià chē	to get off	10
	下次		xià cì	next time	17
	下课		xià kè	class is over, to finish classes	2
	夏令班		xiàlìng bān	summer class	23
	下面	(名)	xiàmiàn	below	16
xiān	先	(副)	xiān	first	16
	仙人	(名)	xiānrén	immortal, celestial being	20
	先生	(名)	xiānsheng	sir, mister, gentleman	24
xiàn	限量	(名)	xiànliàng	limitation of quantity	24
	现在	(名)	xiànzài	now, nowadays	8
xiāng	乡下	(名)	xiāngxià	home village, countryside	23
xiǎng	想	(动)	xiǎng	to think, to want	7
xiàng	象	(动)	xiàng	to look like	18
	相	(名)	xiàng	picture	18
	向往	(动)	xiàngwǎng	to yearn for	21
xiǎo	小时	(名)	xiǎoshí	hour	8
	小说	(名)	xiǎoshuō	novel	12
	小学	(名)	xiǎoxué	primary school	3
xiào	笑话	(名)	xiàohuà	funny mistakes, joke	23

xiě	写	(动)	xiě	to write	14
xiè	谢谢	(动)	xièxie	to thank; thanks	1
xīn	新	(形)	xīn	new	12
xìn	信	(名)	xìn	letter	11
xīng	星期天(日)	(名)	xīngqītiān(rì)	Sunday	2
xíng	行	(动)	xíng	all right, O.K.	9
	行李	(名)	xíngli	luggage	13
xìng	幸福	(形)	xìngfú	happy	19
	兴趣	(名)	xìngqù	interest; interesting	21
xiū	休息	(动)	xiūxi	to take a rest	2
xū	需要	(动)	xūyào	to need	25
xǔ	许多	(形)	xǔduō	many, much, a lot of	20
xué	学生	(名)	xuésheng	student	3
	学习	(动)	xuéxí	to study, to learn	3

Y

yán	沿	(介)	yán	along	21
	岩洞	(名)	yándòng	cave of a crag, grotto	18
yàn	宴会	(名)	yànhuì	dinner party, banquet	19
yáng	羊	(名)	yáng	ram, goat, sheep	20
yào	要	(动)	yào	to want, to be going to	4
	药	(名)	yào	medicine	6
	要紧	(形)	yàojǐn	serious (不要紧: It doesn't matter.)	6
	药品	(名)	yàopǐn	medicine	24
	钥匙	(名)	yàoshi	key	13
yě	也	(副)	yě	too, also	1

yī	医生	(名) yīshēng	doctor	3
yí	一定	(副) yídìng	certainly, definitely	8
	一共	(副) yígòng	in all, altogether	7
	一会儿	yíhuìr	a moment	5
	一路	yílù	all the way, through the journey	25
	姨妈	(名) yímā	aunt	4
	一下	yíxià	(a short duration of an action)	11
yǐ	已经	(副) yǐjīng	already	20
	以前	(名) yǐqián	before, ago	8
	乙种	yǐzhǒng	the second class	8
yì	亿	(数) yì	one hundred million	21
	一点儿	yìdiǎnr	a bit, a little	8
	一直	(副) yìzhí	straight ahead	15
	一转眼	yìzhuǎnyǎn	in the twinkling of an eye	23
yín	银行	(名) yínháng	bank	24
yìn	印象	(名) yìnxiàng	impression	23
yīng	应该	(动) yīnggāi	should, have to	25
	英文	(名) Yīngwén	English	12
yíng	赢	(动) yíng	to win	17
yòng	用	(动) yòng	to use	16
yóu	游	(动) yóu	to tour	18
	游	(动) yóu	to cruise	20
	邮局	(名) yóujú	post office	11
	游客	(名) yóukè	tourist	21
	游览	(动) yóulǎn	to go sightseeing, to tour, to visit	20

	早上	(名)	zǎoshang	morning	2
zěn	怎么	(代)	zěnme	how	6
	怎么样	(代)	zěnmeyàng	how	7
zhàn	站	(名)	zhàn	stop, station	10
zhāng	张	(量)	zhāng	(a measure word)	10
zhàng	帐单	(名)	zhàngdān	bill	13
zháo	着急	(形)	zháojí	to worry, to feel anxious	8
zhǎo	找	(动)	zhǎo	to look for	5
	找	(动)	zhǎo	to give change	7
zhào	照	(动)	zhào	to take	18
	照相馆	(名)	zhàoxiàngguǎn	studio	20
	照相机	(名)	zhàoxiàngjī	camera	24
zhè	这	(代)	zhè	this	7
	这边	(代)	zhèbiān	over here	9
	这里	(代)	zhèlǐ	here	20
	这么	(代)	zhème	so (这么多: so many)	4
	这儿	(代)	zhèr	here, over here	9
	这些	(代)	zhèxiē	these	21
	这样	(代)	zhèyàng	like this, this way	14
zhēn	真	(副)	zhēn	really	4
zhěng	整理	(动)	zhěnglǐ	to put in order, to arrange	25
zhèng	正好	(副)	zhènghǎo	quite right	16
	证明	(名)	zhèngmíng	certificate	24
	正在	(副)	zhèngzài	(an adverb indicating an action in progress)	17
zhī	知道	(动)	zhīdao	to know	17

zǒng	总是	(副) zǒngshì	always	23
	总算	(副) zǒngsuàn	at last, finally	22
zǒu	走	(动) zǒu	to leave	5
zǔ	祖国	(名) zǔguó	motherland	21
	祖籍	(名) zǔjí	native place	4
zuì	醉	(动) zuì	to be drunk	19
	最	(副) zuì	to highest degree	21
zuó	昨天	(名) zuótiān	yesterday	14
zuǒ	左	(名) zuǒ	left	15
zuò	坐	(动) zuò	to sit, to ride in (vehicle etc.)	5
	座	(名) zuò	seat	10

专　名

Proper Names

A

| 阿拉伯 | Alābó | Arabic | 16 |

B

白云山	Báiyún Shān	White Cloud Mountain	20
北海	Běihǎi	Beihai Park	21
北京	Běijīng	Beijing	11
北京外语学院	Běijīng Wàiyǔ Xuéyuàn	Beijing Foreign Languages Institute	12

C

| 长江 | Cháng Jiāng | Yangtze River | 21 |

D

| 东方宾馆 | Dōngfāng Bīnguǎn | Dongfang Hotel | 8 |

F

| 福建 | Fújiàn | Fujian Province | 21 |

G

故宫	Gùgōng	Forbidden City	21
广东省	Guǎngdōng Shěng	Guangdong Province	4
广州	Guǎngzhōu	Guangzhou (City)	2
广州动物园	Guǎngzhōu Dòngwùyuán	Guangzhou Zoo	20
广州中国语言文化学校	Guǎngzhōu Zhōngguó Yǔyán Wénhuà Xuéxiào	The Guangzhou Chinese Language and Culture School	14
桂林	Guìlín	Guilin (City)	21

H

海珠广场	Hǎizhū Guǎngchǎng	Haizhu Square	10
海珠桥	Hǎizhū Qiáo	Pearl River Bridge	20
《汉英词典》	《Hàn Yīng Cídiǎn》	*Chinese—English Dictionary*	12
杭州	Hángzhōu	Hangzhou (City)	21
《红楼梦》	《Hónglóumèng》	*A Dream of Red Mansions*	12
华侨大厦	Huáqiáo Dàshà	Overseas Chinese Hotel	10
华南植物园	Huánán Zhíwùyuán	South China Botanical Garden	20
华语教学出版社	Huáyǔ Jiàoxué Chūbǎn Shè	Sinolingua	12

Q

七星岩	Qīxīngyán	Seven–Star Crags	18
齐白石	Qí Báishí	(a famous contemporary Chinese painter)	7

R

日本	Rìběn	Japan	4

S

三峡	Sānxiá	Three Gorges	21
沙河饭店	Shāhé Fàndiàn	Shahe Restaurant	9
十三陵	Shísānlíng	Ming Tombs	21
嵩山	Sōng Shān	Songshan Mountain	21

T

台山县	Táishān Xiàn	Taishan County	4
泰山	Tài Shān	Taishan Mountain	21
天坛	Tiāntán	Temple of Heaven	21

W

王(老师)	Wáng (lǎoshi)	(Teacher) Wang	25

X

西安	Xī'ān	Xi'an (City)	21
星湖	Xīng Hú	Star Lake	18

Y

羊城	Yáng Chéng	City of Rams	20
颐和园	Yíhéyuán	Summer Palace	21
越秀公园	Yuèxiù Gōngyuán	Yuexiu Park	20

Z

张(老师)	Zhāng (lǎoshī)	(Teacher) Zhang	5
中国	Zhōngguó	China	4
中国出口商品交易会	Zhōngguó Chūkǒu Shāngpǐn Jiāoyìhuì	China Export Commodities Fair	20
中国话	Zhōngguóhuà	Chinese (language)	23
中山纪念堂	Zhōngshān Jìniàntáng	Sun Yat-sen Memorial Hall	20
中山五路	Zhōngshān Wǔ Lù	Zhongshan Fifth Road	20
珠江	Zhū Jiāng	Pearl River	20
珠穆朗玛峰	Zhūmùlǎngmǎ Fēng	Mount Qomolangma	21

责任编辑　单　瑛
封面设计　蔡　荣

中　国　话

黄皇宗　翁建华　主编

＊

©华语教学出版社

华语教学出版社出版

（中国北京百万庄路 24 号）

邮政编码 100037

北京外文印刷厂印刷

中国国际图书贸易总公司发行

（中国北京车公庄西路 35 号）

北京邮政信箱第 399 号　邮政编码 100044

1990 年（大 32 开）第一版

1997 年第三次印刷

（汉英）

ISBN 7 – 80052 – 141 – 9/H · 142 （外）

01600

9-CE-2466P